RESEARCH ON INTERNATIONAL
DIGITAL CURRENCY
DEVELOPMENT AND REGULATION

国际数字货币
发展与监管研究

国务院发展研究中心金融研究所　Visa公司　　著

中国发展出版社
CHINA DEVELOPMENT PRESS

图书在版编目（CIP）数据

国际数字货币发展与监管研究 / 国务院发展研究中心金融研究所，Visa公司著. -- 北京：中国发展出版社，2024. 12. -- ISBN 978-7-5177-1456-9

Ⅰ. F713. 361. 3；F831. 2

中国国家版本馆CIP数据核字第2025TD6686号

书　　　名：国际数字货币发展与监管研究
著作责任者：国务院发展研究中心金融研究所 Visa公司
责 任 编 辑：杜　君　吴若瑜
出 版 发 行：中国发展出版社
联 系 地 址：北京经济技术开发区荣华中路22号亦城财富中心1号楼8层（100176）
标 准 书 号：ISBN 978-7-5177-1456-9
经 销 者：各地新华书店
印 刷 者：北京富资园科技发展有限公司
开　　　本：710mm×1000mm　1/16
印　　　张：11.25
字　　　数：162千字
版　　　次：2024年12月第1版
印　　　次：2024年12月第1次印刷
定　　　价：58.00元

联 系 电 话：（010）68990625　68990642
购 书 热 线：（010）68990682　68990686
网 络 订 购：http://zgfzcbs.tmall.com
网 购 电 话：（010）88333349　68990639
本 社 网 址：http://www.develpress.com
电 子 邮 件：121410231@qq.com

前　言

随着网络技术和数字经济蓬勃发展，社会公众和企业对支付体系便捷性、安全性、普惠性、隐私性等方面有更高的要求，货币形态正在发生适应性调整与变化。从发行主体维度来看，数字货币主要分为中央银行①数字货币（CBDC）和私人数字货币。目前全球共有超过20000 种数字货币，有 20000 多个交易市场，由于大多数国家央行数字货币仍处于试点和探索阶段，由市场力量主导的私人数字货币发展迅猛。数字货币的快速演进，不仅给金融体系创新带来技术冲击，也为国际货币体系带来制度调整的新空间。当前全球数字货币发展有何进展？影响数字货币发展的主要因素有哪些？各国政府对央行数字货币和私人数字货币的政策取向如何？公共和私营部门如何加强合作？数字货币发展带来了哪些影响？这些都是数字货币领域值得研究的重点问题。

国务院发展研究中心是综合性政策研究和决策咨询机构，统筹国内外发展研究资源，开展综合研判和战略谋划，为中国政府提供政策建议和咨询意见。国务院发展研究中心金融研究所是国务院发展研究中心的直属机构，围绕金融改革和发展中重要的理论和政策，重点研究金融领域具有宏观性、战略性、政策性和预见性的问题。

维萨（Visa）公司是数字支付领域的全球领导者，在 200 多个国

---

① 以下简称央行。

家和地区为消费者、商户、金融机构和政府实体提供支付交易服务。作为一家全球化的支付技术公司，Visa 公司也在积极探索数字货币和支付创新。在央行数字货币应用领域，Visa 公司通过积极参与各种央行数字货币的发展计划，赢得了新加坡金融管理局 2021 年度全球 CBDC 挑战赛、香港金融管理局 2022 年全球 Fast Track 计划最佳生态奖，并成功入围巴西央行 2022 年度 LIFT 挑战赛。2022 年北京冬奥会期间，Visa 公司与中国人民银行数字货币研究所合作推出了冬奥主题数字人民币产品。在私人数字货币应用领域，Visa 公司积极尝试不同的非同质性通证（NFT）产品服务，并与产业各方合作开发和试点数字资产代币化解决方案。2023 年，Visa 公司与哈萨克斯坦国家支付公司及哈萨克斯坦主要银行合作，推出了首张可与央行数字货币账户绑定的 Visa 卡。

共同的关切促使双方于 2022 年合作开展"国际数字货币发展与监管"联合研究。具体研究工作由国务院发展研究中心金融研究所专家课题组承接并开展。本课题基于近年国际数字货币发展现状开展研究，而市场发展日新月异，书中如有疏漏或不当之处，敬请读者予以指正。

目　录

总报告　全球数字货币发展现状、监管趋势与影响……………… **1**

　一、全球央行数字货币发展现状 ……………………………… 1

　二、全球私人数字货币发展现状 ……………………………… 6

　三、主要国家和地区数字货币的监管趋势 ………………… 10

　四、数字货币发展的影响 …………………………………… 13

　五、小结 ……………………………………………………… 18

上篇　全球数字货币的发展态势

专题一　美国央行数字货币与私人数字货币发展态势………… **22**

　一、数字美元进展及政策考量 ……………………………… 22

　二、美国私人数字货币发展总体情况 ……………………… 28

　三、美国私人数字货币监管态势 …………………………… 33

专题二　欧元区央行数字货币与私人数字货币发展态势……… **36**

　一、数字欧元进展及面临的问题 …………………………… 36

　二、欧元区私人数字货币发展趋势、面临的问题及监管态势 …… 44

专题三　新兴市场国家央行数字货币与私人数字货币发展态势 …51

　　一、主要新兴市场国家央行数字货币与私人数字货币的进展及面临的
　　　　问题 ……………………………………………………………… 52

　　二、各国具体进展 ……………………………………………………… 56

**专题四　国际组织促进央行数字货币国际合作的进展及对私人
　　　　　数字货币的监管建议 ……………………………………… 80**

　　一、国际组织对央行数字货币发展前景与问题的观点 …………… 80

　　二、国际组织促进央行数字货币发展的实践与政策 ……………… 85

　　三、国际组织对私人数字货币监管的实践与政策建议 …………… 88

专题五　央行数字货币的国际合作实践 ……………………………… 91

　　一、全球央行数字货币多层次国际合作逐步形成 ………………… 91

　　二、商业机构在央行数字货币国际合作中发挥重要作用 ………… 98

　　三、中国参与央行数字货币国际合作情况 ……………………… 101

专题六　私人数字货币发展、创新与风险 ………………………… 104

　　一、私人数字货币及其监管体系快速发展 ……………………… 104

　　二、私人数字货币的货币职能表现及其局限性 ………………… 107

　　三、私人数字货币对国际货币体系的影响 ……………………… 110

专题七　私人数字货币涉及的主要技术及演进态势 ……………… 113

　　一、区块链技术的演进 ………………………………………… 114

　　二、智能合约和去中心化应用的发展 ………………………… 116

　　三、私人数字货币的技术挑战 ………………………………… 118

　　四、解决方案 …………………………………………………… 121

五、小结与展望 ……………………………………………… 125

下篇 全球数字货币的影响

专题八 央行数字货币对金融体系运行的影响…………… **128**

一、央行数字货币对支付清算体系的影响 ………… 128

二、央行数字货币对金融业务的影响 ……………… 132

三、央行数字货币对金融结构的影响 ……………… 137

专题九 央行数字货币对货币政策的影响…………… **141**

一、央行数字货币影响货币政策传导的主要渠道 ……… 141

二、央行数字货币对货币政策的影响与其设计特征密切相关 …… 143

三、美联储对央行数字货币影响货币政策的评估 ……… 145

四、英格兰银行对央行数字货币影响货币政策的评估 ……… 148

专题十 私人数字货币对金融体系运行的影响…………… **151**

一、私人数字货币的主要类别 ……………… 151

二、非稳定币对经济金融体系的影响 ……………… 154

三、稳定币的主要特点及其对经济金融体系的影响 …………… 155

专题十一 数字货币对国际货币体系的影响…………… **164**

一、央行数字货币发展可能引发国际货币体系调整 ……… 164

二、推动数字人民币发展的建议 ……………… 170

全球数字货币发展现状、监管趋势与影响

数字货币快速演进，将影响各国金融体系，推动国际货币格局调整。根据发行主体的不同，数字货币通常分为两类：一类是有国家主权信用背书的央行数字货币（CBDC）；另一类是由私人机构发行的数字货币，如比特币（BTC）、以太坊（ETH）、币安币（BNB）等，统称为私人数字货币。本报告从央行数字货币和私人数字货币两个维度，梳理了发达国家、新兴市场国家数字货币的发展现状和影响，并分析了各国的监管趋势。本报告显示，各国政府虽然对央行数字货币和私人数字货币的政策取向存在较大差异，但是均密切关注数字货币发展，尤其是私人数字货币发展的潜在风险，并对加强监管方面的合作持积极态度。

一、全球央行数字货币发展现状

央行数字货币是由各国中央银行发行的以数字形式存在的法定货币。积极研发和推动央行数字货币发展，日益成为全球央行的主流趋势。主要发达经济体的金融体系复杂且内部关联度高，它们虽然曾对发展央行数字货币持谨慎观望态度，但是在新冠疫情、数字货币国际竞争压力增大等多重因素的推动下，对央行数字货币架构设计、技术路径、潜在影响等问题展开积极探索。新兴市场国家的央行数字货币发展更为迅速，除中国外，

巴哈马、尼日利亚等国已经率先正式发行央行数字货币。

（一）美国 CBDC 发展现状

美国政府虽然对数字美元 ① 的态度由保守审慎转向积极探索，但是尚未推出数字美元。2019 年时任美国财政部部长姆努钦和时任美联储主席鲍威尔均认为未来 5 年无须发行数字美元，主要原因是数字货币技术不成熟，且其对美元国际地位影响不确定。2020 年后，随着各国发展数字货币趋势增强、私人数字货币加速发展、数字金融基础设施建设加快，美国对数字美元态度发生重大转变，数字美元研究快速推进。2020—2021 年，美国国会提出 5 项法案要求加强央行数字货币研究。2022 年美联储首次发布数字美元白皮书《货币与支付：数字化转型时代的美元》，标志着数字美元决策迈出关键一步。2022 年 3 月，时任美国总统拜登签署《关于确保数字资产负责任发展的行政命令》，将潜在的数字美元设计和布署选项作为维护美国金融体系地位的重要任务。

美国政府希望通过发展数字美元实现四方面目标。一是提升支付效率。目前美国跨境汇款平均费用约占交易名义价值的 5%，数字美元是改进跨境支付方式的新途径。二是促进数字金融创新。数字美元可加载智能合约，提高交易生成速度。三是促进金融普惠。美国约 5% 的家庭没有银行账户，20% 的家庭依赖汇票等高成本金融服务，数字美元可改善这一现状。四是支撑美元国际地位。目前全球八成以上央行在研发央行数字货币，美国如果在这方面滞后可能削弱美元的国际地位。

美联储组织协调各方参与共同研究数字美元。2020 年，波士顿联储和麻省理工学院合作开展"汉密尔顿项目"（Project Hamilton），研究潜在数字美元的技术可行性。2020 年，美国商品期货交易委员会前主席发起成立非营利组织数字美元基金会，研究数字美元框架，创建数字美元

---

① 美国CBDC，在本书中也称数字美元。

项目（Digital Dollar Project），以增强数字美元在零售、批发和国际支付中的可扩展性。2021 年，纽约联储成立创新中心，加强与公共和私营部门专家合作，参与方包括新加坡金融管理局，以及花旗集团、汇丰控股等金融机构，开发批发型数字美元应用。私营部门为数字美元提供研究支撑。

（二）欧元区 CBDC 发展现状

欧元区对数字欧元①的态度较美国更加积极。欧洲央行 2023 年明确将数字欧元定义为整个欧元区公民、企业和政府用于数字零售支付的央行货币，通过发行数字欧元以电子形式向公众提供资金。数字欧元是数字时代现金的演变，是纸币的补充而非替代，由受监管的中介机构分发。发行数字欧元有助于提升欧元国际化水平，填补现有跨境货币支付基础设施的不足。

欧洲央行筹备数字欧元取得积极进展。2019 年欧洲央行成立特别工作组研究数字欧元发行的可行性。2020 年欧洲央行启动了数字欧元的试验工作，重点在隐私保护、反洗钱、离线访问等领域进行试验。2020 年 10 月欧洲央行发布《数字欧元报告》，从欧元体系的角度考察了数字欧元发行情况。2021 年 4 月欧洲央行公布数字欧元公众咨询结果报告，重点回应了公众关注的数字欧元隐私保护问题。2022 年 3 月欧洲央行发布欧元区用户支付偏好的报告，提出现金仍然是零售商店中最常用的支付方式，但电子支付的使用率在上升。2023 年 6 月，欧盟委员会提出关于数字欧元的立法提案，为在欧元区引入广泛使用的数字欧元提供便利。同时，欧洲央行发布了新版《数字欧元报告》，明确数字欧元可同时在联网和非联网状态下使用，且数字欧元不是稳定币，不会限制使用的对象、时间和原因。

---

① 欧元区CBDC，在本书中也称数字欧元。

欧元区部分成员国正在加快对数字欧元的探索。德国央行 2021 年测试基于区块链的分布式电子证券分类账。2021 年 6 月，法国央行和瑞士央行连同私营部门一起，启动了欧元和瑞士法郎之间的数字货币跨境支付试验 Jura^① 项目，以验证批发型数字货币在跨境交易中的安全性与效率。意大利银行协会试验基于分布式账本技术的数字欧元，主要研究基础设施和分发模型的技术可行性、可编程性及如何用于区分数字欧元与现有电子支付系统。西班牙负责快速支付系统的 Iberpay 与 16 家西班牙银行合作，完成了概念验证试验，测试了未来数字欧元的不同设计选项。荷兰央行正在争取成为数字欧元试验场所。

由于各成员国经济发展水平不同、市场存在分割，欧元区推行数字货币面临一定挑战。欧元区数字化程度落后于美国，欧洲本土科技公司规模较小，各国互联网普及率差异大，数字领域制度规则不统一，特别是南欧国家仍习惯使用信用卡和现金支付，不利于推行数字欧元。欧盟内部存在市场分割，各成员国在语言、文化和经济方面存在差异，在欧洲央行推出数字欧元之前，部分成员国就已有发行本国数字货币的意向。例如，2017年爱沙尼亚提出启动 Estcoin 项目，西班牙也提出用本国数字货币替代数字欧元。

（三）新兴市场国家 CBDC 发展现状

由于数字货币能促进普惠金融发展、降低跨境支付成本，因此受到不少新兴市场国家重视。根据国际清算银行 2022 年发布的 81 家中央银行统计数据，有 90% 的央行正在进行数字货币研究，62% 的央行已进入试验或概念验证阶段，其中包括大量新兴市场国家。为推进央行数字货币应用，新兴市场国家多数采取试点方式，有的在特定地区试点，有的通过监管沙盒控制潜在风险。

---

① 该试验项目名称通常用英文，无官方中文名称。本书中涉及英文名称时若无注释，原因同此情况。——编者注

截至 2022 年底，巴哈马、牙买加、尼日利亚以及东加勒比地区已经发行了 CBDC。2020 年，巴哈马率先发行零售型 CBDC "Sand Dollar"，成为全球首个发行 CBDC 的国家，旨在通过央行数字货币提升金融普惠性、打击洗钱和非法经济活动。尼日利亚参与储蓄居民占总人口比重约 65%，为提升金融普惠覆盖率，该国在 2021 年 10 月发行央行数字货币 "eNaira"，成为首个发行 CBDC 的非洲国家，截至 2022 年 10 月，累计交易量接近 1800 万美元、涉及 70 万笔交易。牙买加为降低现金交易和使用成本，2022 年 5 月发行 CBDC "JAM-DEX"。东加勒比中央银行（ECCB）是东加勒比地区 8 个岛国的货币管理机构，2021 年 3 月其发行 CBDC "DCash"，首先在圣卢西亚等 4 个成员国流通，后逐步推广至 8 个成员国，旨在提升金融基础设施的数字化水平。

金砖国家中，中国、巴西、俄罗斯、南非、印度都在开展 CBDC 试点。2014 年，中国人民银行启动数字货币相关研究工作；2017 年底，经国务院批准，中国人民银行开始数字人民币研发工作；2019 年末以来，多个城市启动数字人民币试点测试；截至 2023 年底，数字人民币试点范围已扩大至 17 个省（自治区、直辖市）的 26 个地区。2020 年 11 月，巴西经济部披露将发行 CBDC。2023 年 2 月，巴西央行宣布实施数字货币试点项目，旨在建立完善的即时支付系统和可信赖、可兑换的国际货币系统。俄罗斯中央银行 2020 年宣布将引入数字卢布。2021 年 12 月，俄罗斯完成了数字卢布平台的原型研发。乌克兰危机爆发后，俄罗斯加快推进数字卢布项目进程，旨在发挥跨境结算功能，推进数字卢布立法工作。数字卢布法案（联邦法律草案第 270838-8 号、第 270852-8 号）已于 2022 年 12 月递交国家杜马，明确了数字卢布的法律地位，确定了形成数字卢布使用规则的方法。2022 年 1 月，印度储备银行（RBI）宣布将推出数字卢比，并在批发和零售领域启动 CBDC 试点。2018 年 6 月，南非储备银行（SARB）发布霍卡（Khokha）项目报告，验证分布式账本技术（DLT）的批发支付系统概念应用。南非储备银行 2022 年 4 月发布霍卡 2 期报告，加强 DLT 在金融市场的应用。

其他新兴市场国家也积极开展央行数字货币试点。2022 年，阿根廷立法授权阿根廷铸币厂参与数字货币的调查、开发和发行，创立数字货币的中央交易机构。2019 年，沙特央行（SAMA）启动 CBDC 试验"Aber 项目"并取得成功，由沙特央行和阿联酋央行（CBUAE）发行批发型 CBDC，作为两国跨境商业银行交易的结算单位。菲律宾央行 2022 年披露将试验批发型 CBDC。2021 年土耳其央行（CBRT）宣布创建 CBDC 以补充其现有的支付基础设施，并研发数字土耳其里拉系统。印度尼西亚实施了鹰航项目（Project Garuda）计划，探索印度尼西亚 CBDC。2021 年越南总理要求越南央行探索 CBDC。

二、全球私人数字货币发展现状

根据国际货币基金组织（IMF）等国际组织的定义，私人数字货币，或被称为加密资产（Crypto-asset），是一种由私人机构发行，主要依靠密码学和分布式账本技术进行记录的私人数字资产或代币（Token）。根据是否与指定资产或资产池锚定，私人数字货币总体上可分为两类：一类是非稳定币，以比特币、以太坊为代表；另一类是稳定币，旨在通过资产锚定的方式来稳定价值。随着区块链生态系统的快速发展，大量私人机构通过首次代币发行（ICO）方式发行超过 2 万种私人数字货币，2023 年底市值规模约 1.8 万亿美元。私人数字货币的快速发展促进了金融创新，在支付、投资等领域的应用逐步增加，但也对金融稳定产生一定的负面影响。

（一）美国私人数字货币发展现状

美国私人数字货币交易活跃，在全球排名靠前。比特币是当前私人数字货币的重要代表，美国是全球比特币交易的主要市场。2023 年 8 月比特币市值约为 5000 亿美元，占全球私人数字货币总市值的五成。根据市场统计数据，2020 年美国比特币交易量达到 15.2 亿美元，是第二大交易国俄罗斯的 3.6 倍。除私人数字货币现货交易外，美国还推出相关衍生产品，用于管理风险，进一步活跃了私人数字货币交易。2018 年，芝加哥商品交易所和芝加哥期权交易所推出比特币期货合约，2021 年芝加哥期权交易所推出以太坊期货合约。基于期货合约的共同基金随后逐步发展，2021 年 10 月，美国投资公司领航基金（ProShares）推出首只比特币期货交易所交易基金（ETF）。

美国居民对私人数字货币的接受程度较高。根据美联储发布的《2023 年美国家庭经济状况报告》，多数受访者将私人数字货币作为投资工具，持有私人数字货币作为投资工具的受访者占比约 11%。部分美国人探索使用私人数字货币购买商品、汇款。贝宝（PayPal）、特斯拉等公司宣布接受私人数字货币支付。2018 年，美国俄亥俄州向企业开放比特币纳税的业务，成为美国首个接受私人数字货币纳税的州。

美国已形成丰富的私人数字货币行业生态。全球前五大私人数字货币交易所中有两家为美国公司，分别是 Coinbase 和 Kraken。2021 年 Coinbase 在纳斯达克交易所上市，是美国首家上市的私人数字货币公司。美国去中心化金融（DeFi）平台发展很快，它通过区块链网络连接、智能合约等方式允许用户完成交易，不需要银行参与。双子星交易平台（Gemini）、加密货币交易平台（Voyager）等交易平台在未引入金融中介机构的情况下完成抵押、借贷、衍生品交易等业务。私人数字货币服务行业蓬勃发展，Strike 私人数字货币钱包公司通过开发集中储存和交互功能，为用户使用私人数字货币提供便利。瑞波（Ripple）发行瑞波币，构建跨境支付网络。

美国大型金融机构积极涉足私人数字货币领域。一是将私人数字货币纳入投资标的。2022 年 5 月 Coinbase 统计发现，该交易所第一季度交易量中，机构投资者约占四分之三。二是基于私人数字货币开发金融服务。

Visa、PayPal 等金融机构与数字货币公司合作支持私人数字货币支付服务发展与应用。三是开发与美元挂钩的私人数字货币。摩根大通 2020 年 10 月正式推出摩根币，是首家开发加密货币的美国大型银行，摩根币可能成为新的金融基础设施。

美国私人数字货币快速发展也引发了一些问题。私人数字货币尚未被完全纳入美国金融监管体系，可能会产生以下风险。一是价格波动风险。私人数字货币价格波动大，可能给投资者造成巨大损失。二是缺乏投资者保护。私人数字货币信息披露不充分，部分平台开展违规金融交易，甚至挪用客户资金。三是私人数字货币诈骗案件较多。美国联邦贸易委员会表示，2021 年 1 月至 2022 年 3 月，共有超过 46000 名美国人报告受到私人数字货币诈骗。四是匿名性高。私人数字货币可能被用于洗钱或恐怖主义融资等非法交易。

（二）欧元区私人数字货币发展现状

欧元区以审慎监管的态度发展私人数字货币。欧洲是全球比特币的重要市场之一，根据相关统计数据，2020 年欧洲比特币交易规模约为 4.7 亿美元，排在全球第二位，低于美国的 15.2 亿美元。丹麦、芬兰、荷兰等国已允许比特币在一定范围内合规使用。德国和英国将比特币视作私人财产或商品，制定法律法规，为其合法使用提供一定保障。其他欧洲国家大多对比特币持保留态度，或者尚未明确立法。欧洲出现了一些比特币交易所，如比特币牌（Bitstamp）和比特熊猫（Bitpanda）等。总体来看，欧洲比特币的发展仍处于初级阶段，并呈现出多样化的态势。

与比特币等非稳定币相比，稳定币在欧洲发展受到限制。2019 年，欧盟各国财长发表声明表示，在充分识别和解决法律、监管等各种挑战和风险之前，任何全球"稳定币"都不被允许在欧盟运营，各成员国也不得将其引入法律。欧盟发展数字欧元计划也明确将其与私人数字货币严格区分。2020 年，欧洲央行行长拉加德曾表示加密货币交易方式的主要风险在于纯粹依靠技术，并且依赖于不可识别的发行人或债权人，其基础概念有缺陷，稳定币构成存在严重的风险，可能引起银行挤兑。

欧洲央行认为私人数字货币主要面临以下问题。一是私人数字货币对金融体系的稳定性有较大影响。由于其发行和运营不受中央银行监管，私人数字货币的波动性较高，可能导致金融市场的不稳定。二是私人数字货币存在洗钱和恐怖主义融资隐患，主要由私人数字货币的匿名性和跨境特性引起。三是消费者保护困难。私人数字货币消费者可能面临欺诈、虚假宣传、服务中断等风险。四是私人数字货币可能对国家货币主权构成挑战，削弱中央银行的货币发行权和货币政策的影响力。

（三）新兴市场国家私人数字货币发展现状

不少新兴市场国家存在高通胀、银行账户普及率不高等问题，这些问题加大了其对私人数字货币的需求。各国对私人数字货币的发展政策取决于具体国情，差异较大。金砖国家中，俄罗斯面临外部制裁，私人加密货币在国内投资受限，但在国际贸易结算中有所应用。巴西、印度和南非的私人加密货币市场在遵守反洗钱、反恐怖主义融资等要求的前提下，其私人加密货币投资活动并未受到本国政府的特别限制。沙特阿拉伯、埃及等国严格禁止使用私人数字货币。其他主要新兴市场国家中，孟加拉国等国严格禁止使用私人数字货币，但阿根廷、墨西哥、土耳其、印度尼西亚、巴基斯坦、尼日利亚、越南等国没有明确禁止，私人数字货币交易较为活跃。

新兴市场国家私人数字货币发展较为活跃。根据巴西政府相关部门数据，巴西私人数字货币行业每年投资额约为 1300 亿雷亚尔（约合 1612 亿元人民币），2020 年私人数字货币交易量位居全球第五。根据相关估计，2023 年底印度私人数字货币社区成员超过 1.56 亿人，大部分受过良好教育，年龄在 18~40 岁。2019 年 9 月至 2020 年 5 月，墨西哥私人数字货币交易所 Bitso 的交易量增长 342%，用户数超过 100 万人，其中 92% 是墨西哥本土用户。菲律宾私人数字货币快速发展，2021 年初已出现了超过 4000 种私人数字货币。根据市场调查结果，五分之一的土耳其人表示他们曾使用或拥有私人数字货币，超过三分之一的 18~34 岁越南人以及 36% 的 35~54 岁越南人表示拥有私人数字货币。2021—2022 年，越南在区块链分析公司 Chainalysis 全球加密货币采用指数中排名第一，没有私人数字货币税是重要推动因素。

三、主要国家和地区数字货币的监管趋势

CBDC 本质上是法定货币，始终处于央行的管控之中。与之对比，私人数字货币在数据存储、传输等方面存在较大安全隐患，投机行为加剧了价格波动从而造成风险溢出，且易引发洗钱、欺诈、逃税等问题。近年来，各国均加强了对私人数字货币的监管。

（一）美国监管趋势

美国政府加强对私人数字货币的功能监管。美国尚未就私人数字货币进行专门立法，监管机构按照现有法律根据各自职能开展监管工作。美国证券交易委员会（SEC）监管具有证券属性的加密货币、相关投资基金和信托、交易所。货币监理署（OCC）负责稳定币发行、托管和支付的监管。商品期货交易委员会（CFTC）负责监管加密货币期货合约交易。金融犯罪执法局（FinCEN）和司法部等打击洗钱、敲诈勒索等违法犯罪行为。由于对私人数字货币是属于证券还是商品未形成定论，不同监管部门之间存在交叉重叠，如 SEC 和 CFTC 都试图获得更大监管权力，竞争管辖权。

2022 年后美国大幅加强对私人数字货币的规范管理。受市场大幅波动影响，2022 年 3 月，美国政府发布针对数字资产的行政命令，要求加大监管力度以防范数字资产带来的系统性金融风险。2022 年 9 月，美国政府发布"联邦数字资产综合框架"，要求监管部门进一步强化私人数字货币监管。2023 年 6 月，SEC 对全球最大的交易所币安（Binance）和 Coinbase

提出法律指控，理由是两家交易所上市交易未经注册的证券，引发市场震动。2023 年 8 月，美联储加强对银行参与私人数字货币相关活动的监管，要求美联储系统银行在发行、持有或交易私人数字货币时，应获得美联储的无异议函。总体来看，美国以强化监管而非取缔来平衡安全和风险。

美国积极推动建立私人数字货币全球性监管框架。由于私人数字货币业务活跃，金融风险和欺诈风险事件频现，美国推动全球建立对私人数字货币的统一监管框架。2022 年 9 月美国"联邦数字资产综合框架"明确提出，将扩大美国在七国集团（G7）、二十国集团（G20）、金融稳定委员会（FSB）等国际金融组织数字资产方面的领导作用，推动建立反映数据隐私保护、金融稳定、消费者保护等价值观的标准、法规和框架。2023 年 5 月，G7 发布联合声明支持对私人数字货币实施更严格监管，同时支持 FSB 出台加密资产监管规范。

（二）欧元区监管趋势

欧元区对数字货币的监管趋于严格，制定了多项相关法律。2018 年，欧元区出台第五版反洗钱令，提出对加密货币交易所和钱包服务提供商的监管要求。2020 年，欧盟委员会提出了《加密资产市场监管法案》草案，旨在为加密资产和加密资产服务提供者建立统一的监管框架，规范加密资产的分类、定义、发行、交易、监管。2022 年，欧盟理事会通过了《数字市场法》和《数字服务法》，以规范数字市场秩序。

欧盟强化立法明确数字货币和加密资产的监管重点。2023 年 5 月，欧盟理事会一致通过《加密资产市场监管法案》，其正式成为欧盟法律，将在 27 个欧盟成员国统一实施，是欧盟为地区加密货币创建全面监管框架的首次尝试。2023 年 7 月，欧洲银行管理局（EBA）建议稳定币发行机构为即将到来的加密资产市场监管做好准备，要求发行加密资产的企业必须获得许可证，稳定币需要保持充裕的储备金，以便随时满足赎回要求，稳定币将设立每日交易额 2 亿欧元的上限。欧盟成员国是监管的主要执行者，但欧洲证券和市场管理局（ESMA）也有权监管，并在加密货币平台没有适当保护投资人，或威胁整个市场完整性及金融稳定性时，及时予以制止或限制。

欧盟对私人数字货币的审慎监管重点在四个方面。一是维护欧洲地区的金融稳定性。欧盟监管机构重视金融稳定，私人数字货币提供商需要遵守反洗钱、反恐怖主义融资等金融犯罪防范措施，并监控其系统的稳定性和风险管理。二是重视金融消费者保护。欧盟监管机构要求私人数字货币提供商提供透明、清晰的信息，遵守消费者权益保护法规，确保消费者能够方便地获得投诉解决渠道。三是保障金融活动合规。私人数字货币提供商需要遵守金融监管的一系列合规要求，包括适当的许可证和监管审查。四是强化对创新的监管。欧盟监管机构会与私人数字货币提供商合作，了解其业务模式和技术特点，并在需要时制定相应的监管框架。总体来看，欧盟对私人数字货币严格监管的目的是塑造良好发展环境。虽然这可能会限制数字货币的创新发展，影响数字货币的流动性，但有助于促进私人数字货币市场的健康持续发展，更好保护金融消费者。

（三）新兴市场国家监管趋势

私人数字货币给新兴市场国家政府带来的挑战在不断增强。一是诈骗频发，社会负面影响大，对政府形成较大压力。由于私人加密货币具有去中心化、匿名等特点，执法部门很难直接监控，多数在案发后介入，涉案资金追缴也面临很大难度。二是落实反洗钱政策困难。集中化的私人加密货币交易平台实际上大多存在制度漏洞，还有一些未经注册的私人加密货币交易平台参与提供服务，政府监管面临挑战。例如，全球最大的加密货币交易平台币安在多个国家面临处罚。三是与私人加密货币相关的盗窃案件较多。黑客从加密货币交易平台盗窃私人加密货币的案例多，数额大。

新兴市场国家对私人加密货币的监管取向可分为两类。第一类是劝阻或禁止私人数字货币交易。理由是私人加密货币缺乏价值基础、价格具有高波动性，与官方背书的法定货币存在本质区别，不利于维护公众利益。第二类是把加密货币视为金融资产，允许用其进行投资，但政府执法部门加强对各类侵害投资者利益案件的事后查处。大多新兴市场国家把私人加密货币定义为金融资产，允许买卖持有，但不允许用于国内市场支付。

总体来看，新兴市场国家对私人加密货币交易的监管框架仍处于探索过程中，法律法规制定相对滞后。在允许进行私人加密货币投资的国家，政府对税收关注较多，部分国家征收的所得税税率达到 30%，但对投资者保护关注较少，一些国家实际没有投资者保护政策，这与私人加密货币交易的技术门槛密切相关。

四、数字货币发展的影响

（一）央行数字货币发展的影响

目前各国 CBDC 总体仍处于探索初期，尚未形成成熟的模式，各国央行既需要紧跟数字货币发展前沿，也要审慎评估数字货币发展对经济金融体系的影响。CBDC 对支付系统、金融业务、金融结构及货币政策的影响是当前各国关注的重点。

CBDC 的广泛应用将给基础支付体系带来深层次影响。从支付基础设施看，CBDC 的应用将加快推动支付体系技术创新和数字化转型。相比传统的支付清算体系，CBDC 将涉及一系列新技术，如具备可编程性、通过智能合约监控资金用途等。在更广泛的基础设施层面，CBDC 的运行需要有稳定的通信网络、具备较高数字金融素养的消费者、技术成熟的金融机构以及活跃的 CBDC 支付生态系统等。从支付供给渠道看，CBDC 提供了新型支付渠道，它可以增强各类支付清算体系的竞争，促进支付效率的提升。从支付需求满足看，CBDC 可以提高支付服务可得性，通过安全的方式让公众获得数字化形式的法定货币，有助于解决在一些特定场景下，如无网络的支付环境等，商家不愿意接受现金的问题。CBDC 可减少跨境支付的成本，缓解传统跨境支付时效性差、手续费高、可得性低、透明度低等问题。此外，跨境 CBDC 可能会对一国的货币主权带来挑战，弱势货币国家将更难保持自身货币主权，各国政府对跨境资本流动的有效管理将面临更大挑战。

CBDC 对金融业务影响的焦点主要集中在促进普惠金融发展、影响跨境资本流动两大方面。一方面，CBDC 是促进普惠金融发展的重要工具。研究显示，六成新兴市场国家和低收入国家将普惠金融视为发行 CBDC 的动机之一[①]。根据国际清算银行 2022 年的调查，全球超过一半的央行认为有可能在短期内发行零售型 CBDC，主要目的是服务居民个人。CBDC 在适当的设计下，可以发挥数字现金作用，有助于解决普惠金融发展面临的障碍。CBDC 可以在没有银行账户的情况下使用，不需要以开设银行账户为前置条件。作为政府发行的法定货币，CBDC 可以减少现有零售支付交易链的中间环节，降低市场主体运营成本。CBDC 可以在离线情况下提供线下支付服务，提高偏远地区居民的金融服务可得性。另一方面，CBDC 在适当设计下有望成为监管部门管理跨境资本流动的有效工具。未来可以考虑将跨境资本流动管理所需的底层规则和算法嵌入 CBDC 设计中，在 CBDC 的生态体系内实现对跨境资本流动的自动化监测和管理。CBDC 可以在央行、跨境平台、用户三个层面开展跨境资本流动管理，三个层面协同配合有助于实现高效安全的跨境资本流动管理。

CBDC 可能加剧金融脱媒，给不同规模的国家金融体系带来差异性影响，最终推动金融结构发生变化。CBDC 是否会导致金融脱媒是当前争论的重要问题。CBDC 导致金融脱媒的一个重要原因是央行的信用高于商业

---

① Kosse, Anneke, and Ilaria Mattei. 2023. Making Headway – Results of the 2022 BIS Survey on Central Bank Digital Currencies and Crypto. BIS Paper 136, Bank for International Settlements, Basel, Switzerland.

银行。CBDC 大规模发行流通后，部分居民通过商业银行持有货币的意愿可能降低，转而通过信用更高的央行以 CBDC 的形式持有货币。特别是，基于账户的 CBDC 允许居民等直接在央行开立和使用账户，商业银行可能面临客户流失风险，甚至成为专门从事信贷服务的银行，业务范围将出现明显萎缩。从技术路线看，CBDC 普遍采用或借鉴了区块链技术，区块链的核心是去中介化，这也会加剧金融脱媒效应，降低金融中介机构存在的必要性。实际上，CBDC 对金融脱媒影响的程度，取决于 CBDC 带来的收益能否超过金融脱媒所带来的负面影响。中国人民银行明确数字人民币采用双层运营模式，中国人民银行不直接面对公众，商业银行仍然发挥重要渠道作用，这种模式有助于控制数字货币对金融脱媒的影响。与双层运营模式相对的是单层运营模式。在单层模式下，各国央行可直接发行数字货币，并提供面对公众的服务。单层模式有利于各国央行密切监管，但各国央行也需要承担目前由市场机构所从事的服务工作，可能会存在成本高、竞争力不足的问题。此外，CBDC 对不同规模和处于不同发展阶段国家金融体系的影响不同。对于通用型 CBDC，新兴市场国家央行最看重国内支付效率和普惠金融，对提升跨境支付效率的重视程度不高。相比之下，对发达经济体的央行而言，支付安全和金融稳定是未来发行 CBDC 的主要动力，发展普惠金融不是重要动力。

CBDC 可能影响未来的货币政策传导机制。不同设计特征的 CBDC，其对货币政策影响的渠道和重点各有不同。在利率渠道方面，如果 CBDC 加剧金融脱媒，则会强化商业银行对存款的竞争，这有助于增强货币政策通过利率渠道的传导。在信贷渠道方面，批发型 CBDC 的广泛使用会改变银行的资产和负债结构，同业资金在银行资产负债表中的比重可能增加，商业银行在加息周期时更积极地提高信贷利率，会通过信贷渠道对实体企业的融资成本产生影响。在资产价格渠道方面，零售型 CBDC 的发展，有助于提升金融包容性，这可能会增强货币政策通过资产价格渠道的传导。在汇率渠道方面，跨境 CBDC 的应用，将通过汇率渠道影响货币政策传导。

CBDC 设计的三个特点对货币政策将产生重要影响。首先，CBDC 是否计息对公众使用意愿有很大影响，这会改变 CBDC 对货币政策传导效果的影响幅度。计息的 CBDC 本质上是一种安全性高、流动性强、有收益的资产，发行计息的 CBDC 可以满足短期安全资产需求，并降低隔夜票据和短期国债等其他同类资产的吸引力。其次，是否设置 CBDC 持有上限会影响 CBDC 使用的深度和广度，进而改变货币政策的传导效果。如果个人持有 CBDC 没有数量上限，那么在极端情况下，存款可能大量转换为 CBDC，这会加剧存款搬家和金融脱媒。最后，外国 CBDC 在本国流通将对货币政策带来溢出影响。如果一国允许外国 CBDC 在国内流通，可能会增加货币替代的风险。如果一国个人或企业广泛持有和使用外国 CBDC，那么该国货币政策的有效性将严重受限。

（二）私人数字货币发展的影响

私人数字货币由市场力量主导，发展迅猛，市场波动大，参与者多元化，给金融稳定和金融消费者保护带来新的挑战。目前全球共有超过 20000 种数字货币，有 20000 多个交易市场，由于大多数国家央行数字货币仍处于试点和探索阶段，上述数字货币主要是私人数字货币。私人数字货币主要分为非稳定币和稳定币两大类别。非稳定币缺乏价值基础，比特币、以太坊等非稳定币的典型代表，都存在货币属性低、价格波动大等问题，主要作为投资品或投机对象，很少在实际交易中作为支付工具使用，与发挥货币职能还有很大距离。稳定币是一种特殊类型的加密货币，其价值挂钩美元、欧元等法定货币，或黄金等资产，价格波动性更低，稳定性更强。稳定币既具有加密货币的即时处理特性和安全性，又具有法定货币的稳定性。

非稳定币对金融稳定和金融监管的影响，是当前各国关注的焦点问题。一是非稳定币不利于金融稳定。私人数字货币缺乏内在价值根基，价格波动大，市场稳定性弱。比特币反复出现快速和剧烈价格波动，如果个人广泛参与其中，将面临巨大投资风险，很可能成为金融风险的重要源头，并向其他金融市场传染。研究显示，比特币的波动性是股票市场的近 30 倍，这使得比特币投资相对于股票市场来说具有很高的风险。二是非稳定币成为金融风险的重要来源。私人数字货币作为投资品，存在风险高且传染迅速的特点。私人数字货币是在互联网环境下出现和发展的，其投资者主要通过网络平台聚集，不存在空间的限制，能够跨地区或跨国家交易，一旦出现风险，就可能产生跨国的溢出效应。三是非稳定币给各国反洗钱和金融监管带来新的挑战。私人数字货币凭借脱离传统银行和第三方中介、低成本的快速跨境流通、匿名加密等独特优势，已经成为非法交易和洗钱的主要渠道。四是存在对法定货币的替代风险。这在小型经济体、货币币值不稳定的国家尤为突出。根据欧洲央行相关报告，如果私人数字货币被广泛接受，在极端情况下，它可能会对法定货币产生替代效应。

稳定币挂钩主权货币，同时又具有安全、匿名等特征，对主权货币的潜在影响更大。一是影响现行支付清算系统。高度便捷、成本更低的新型支付工具，能很快将大量用户从现行支付系统中吸引过来，但它可能存在一定的安全问题和风险隐患。二是加大金融监管难度。很多稳定币都强调账户匿名性，这可能和金融监管原则存在根本性冲突。如果稳定币允许使用匿名账户，就无法识别账户持有人的真实身份，这会产生很大隐患。三是降低跨境资本管制的有效性。如果数字货币能够在跨境支付中广泛使用，将会冲击现有的资本管制措施。实行资本管制措施较多的发展中国家，受到的冲击会更大。四是弱势货币可能被加速替代，大国货币优势将进一步增强。如果未来出现币值稳定、可以跨境支付的数字货币，将会加剧全球货币体系的分化。

五、小结

当前，各国央行、金融机构、科技企业等都在积极探索数字货币，经过市场选择后，最终形成成熟的数字货币形态。中国具有市场规模大、金融科技应用场景多等优势，这为孕育数字货币提供了有益的土壤。对于数字货币，中国既要积极参与、稳妥推进，也要理性认识、甄别风险。

第一，各国对央行数字货币和私人数字货币的政策取向是影响数字货币发展的主要因素。在 CBDC 领域，美国因金融体系庞大复杂，担心引入数字美元对金融体系的影响难以确定，曾在相当长一段时间内对数字美元持保守观望态度。但随着形势变化，特别是脸书[①]宣布计划发布天秤币（Libra），以及全球多个国家积极推动数字货币发展，美国对 CBDC 的态度发生转变，数字美元研发节奏明显加快。发行数字欧元有助于推进欧元区金融一体化进程，并增强欧元国际地位，欧盟和欧元区国家对 CBDC 持积极态度，开展一系列试验项目推动数字欧元研发。新兴市场国家积极探索CBDC 改善金融服务和提升金融包容性的潜力，研发进度快于发达国家。在私人数字货币领域，美国将其作为金融创新和数字技术的重要载体，注重塑造规范、可持续的发展环境，成为全球私人数字货币行业发展最快、市场最活跃的国家之一。欧元区注重金融稳定和投资者保护，对私人数字货币监管更为严格。新兴市场国家对私人数字货币政策取向差异较大，有的为促进金融创新和吸引国际资金而采取宽松政策，有的因担心资金外流等风险而采取严格限制甚至禁止的政策。

第二，各国日益关注私人数字货币的潜在金融风险。私人数字货币作为一种金融资产，价格波动幅度巨大，会放大金融市场风险。在极端情况下，私人数字货币可侵蚀法定货币地位，成为新的支付手段、贮藏手段和

---

① 2021年已更名为Meta，后文为保障阅读流畅，会根据不同时间使用不同名称，不再逐一注释说明。

价值尺度，因而受到政府较多关注。作为一种数字资产，私人数字货币面临网络攻击等数据安全风险，2022年被盗的私人数字货币价值约为38亿美元。私人数字货币还可能被滥用于洗钱、恐怖主义融资和其他非法活动。根据国际货币基金组织（IMF）研究，资本开放程度较低、腐败控制较弱的国家，往往更多使用私人数字货币等加密资产。少数国家对加密资产干预较少，但大多数国家采取牌照制度以规范私人数字货币发展，还有部分国家完全禁止投资或使用私人数字货币。总体而言，各国的私人数字货币监管方式还存在较大差异，尚未达成共识。

第三，积极推动数字货币领域的国际合作。IMF近年来积极开展数字货币相关研究，呼吁建立全面、一致、协调的全球监管框架。国际清算银行认为私人数字货币类似"影子金融"体系，面临更大的不确定性。各国需要在监管方面加强合作来应对风险，不断完善监管规则，以应对数字货币的负面影响。由于私人数字货币在离岸金融中心流通较多，其跨境监管更需要国际协调合作。

第四，立足中国实际，稳妥发展国内数字货币。立足实际需求，发挥中国金融科技优势，加强技术研发，探索适合中国实际的数字货币技术路径。立足金融监管和货币政策目标，在风险可控的前提下发展数字货币，及时总结并借鉴中国在第三方支付等领域的监管经验，持续跟踪和评估数字货币对支付、金融稳定、货币政策等领域的影响。积极推进中国人民银行数字货币试点，布局数字货币技术和应用的海外市场。未来应加快数字人民币在全国范围的推广应用，并结合共建"一带一路"倡议，优先在周边国家和地区尤其是新兴市场国家和地区推动数字人民币应用。

上篇

全球数字货币的发展态势

专题一

美国央行数字货币与私人数字货币发展态势

在私人数字货币迅猛发展和全球央行数字货币（CBDC）快速推进的双重压力下，美国对数字美元的态度由保守审慎转向积极探索，采取开放式的研究方法，不预设技术路径，调动多方力量共同开展数字美元研究，并强化 CBDC 国际合作。相比于数字美元，美国私人数字货币发展更快。美国私人数字货币业务处于全球领先水平，在全球范围内规模最大、行业收入最高、从业人员最多，行业生态丰富，传统金融机构也已加快开展私人数字货币相关业务。由于内在价值不稳定、监管体系尚不完善，私人数字货币也面临价格崩盘风险大、消费者保护严重不足、欺诈事件频发等问题。近年来，美国逐步构建了以功能监管为导向的私人数字货币监管框架，监管力度明显加大，并利用自身国际影响力推动构建全球性监管框架。

一、数字美元进展及政策考量

（一）美国对数字美元态度由保守审慎转向积极探索

在全球 CBDC 研发快速推进时，美国在相当长一段时间内对数字美元持保守观望态度。2019 年 12 月，时任美国财政部部长姆努钦在国会听证会上表示，他与美联储主席鲍威尔均认为未来 5 年无须发行数字美元。美国持观望态度可能有两方面原因。一方面，数字货币及其底层技术还不成熟，美国金融体系庞大复杂，引入数字美元对金融体系的影响存在不确定性。另一方面，美元在国际货币体系中处于主导地位，在全球范围内被广泛使用，数字货币的发展对美元国际地位的影响也存在不确定性。

2020 年后，美国对数字美元的态度发生重大转变，数字美元研究快速推进。2020—2021 年，美国国会共提出 5 项法案要求加强央行数字货币研究。美联储不断加强技术与政策研究，着手测试央行数字货币潜在用途，联合七国集团（G7）国家央行和国际清算银行（BIS）发布关于央行数字货币基本原则的研究报告。2021 年 4 月，美联储主席鲍威尔明确表示，需要了解数字货币将如何在美国运作。2022 年 1 月，美联储首次发布数字美元白皮书《货币与支付：数字化转型时代的美元》，标志着数字美元决策迈出关键一步。美国政府也高度关注数字美元。2022 年 3 月，时任美国总统拜登签署《关于确保数字资产负责任发展的行政命令》，将数字美元潜在设计和实施选项作为维护美国金融体系地位的重要任务，要求白宫科技政策办公室、财政部、商务部、司法部、金融稳定监管委员会等部门分别提交评估报告，就推进数字美元的潜在收益和风险提出意见。2022 年 9 月至 10 月，各部门的评估报告陆续发布，主要涉及数字美元对国家利益、国家安全和金融犯罪、金融包容性的影响，数字美元与私人部门数字资产的潜在关系，以及外国 CBDC 对美国总体利益的影响等内容，总体来看对数字美元持积极态度。

美国对数字美元的态度转变是由多重因素推动的。一是私人数字货币的迅猛发展给美元带来冲击。2019 年，在全球拥有 27 亿用户的脸书宣布计划发布天秤币（Libra）。Libra 是基于美元、欧元、日元、英镑、新加坡元的一篮子货币合成单位，具有一定的超主权货币特征。美国立法部门和政府部门都对该计划提出明确反对意见，美国还联合七国集团其他国家共同发表声明表示反对。CBDC 是应对私人数字货币挑战的重要工具，Libra

计划发布后，美国对 CBDC 关注度明显提高。二是全球 CBDC 快速发展加大美元的外部压力。2018—2019 年，BIS 对全球 60 多家央行的问卷调查显示，被调查的央行中，超过 70% 表示正在或将参与 CBDC 的研究，之后几年积极研发 CBDC 的央行数量更多。CBDC 不仅是货币形态的变化，还会促进全球支付体系的变革，将给美元主导地位带来重要影响。三是新冠疫情后，在实施对中小企业和居民部门的直接救助过程中，美国金融基础设施效率不高的问题较为明显。数字经济时代也对金融基础设施效率变革提出更高要求。

（二）美国对数字美元的政策目标与政策考量

美联储数字美元白皮书以及美国主要政府部门关于数字美元的意见，集中反映了美国对数字美元的政策期望，以及对发行数字货币的政策考量，主要集中于以下几方面。

1. 数字美元定位较高，期望实现四大政策目标

一是提升支付体系效率。美联储将央行数字货币视为支付体系的新基础，可在不同支付中介之间无摩擦地转移价值，促进资金自由流动，大幅提升支付效率和安全性。跨境支付效率低、成本高，美国跨境汇款平均费用约占交易名义价值的 5%，央行数字货币是改进跨境支付方式的新途径。这也意味着美国数字货币可能同时应用于小额零售和大额批发转账。美国白宫科技政策办公室也高度重视数字美元对跨境支付体系的影响，将确保全球金融体系的透明联通以及平台和基础设施的互操作性作为数字美元系统的政策目标之一。二是适应数字经济，促进金融创新。数字经济时代支付频率上升、效率要求高，数字美元具备可加载智能合约（如指定时间付款）等属性，有助于满足速度和效率要求，其作为无风险资产还能够实现"支付即结算"，为私营部门金融创新提供安全、低成本的基础工具。三是促进金融普惠。美国约 5% 的家庭没有银行账户，20% 的家庭依赖汇票等高成本金融服务，数字美元为金融普惠提供新的解决方案。四是支撑美

元国际地位。全球约 86% 的央行积极从事 CBDC 研发，美国研发相对滞后，可能削弱美元国际地位。根据普华永道发布的《2021 年全球 CBDC 指数》，美国排名第十八，而中国排名第三。2021 年 7 月，美国民主党和共和党参议员联合提出法案，要求研究数字人民币对美国国家安全的影响①。

2. 强调数字美元将深刻改变金融体系，重点研究五大潜在风险或政策影响

数字美元将深刻改变金融业务、金融基础设施、金融市场运行等领域，推动金融体系重构，可能影响金融稳定，美国重点关注以下五方面影响。一是引起金融体系结构性变化。美联储认为数字美元作为央行直接负债，其安全、支付便捷等特征会分流银行存款，削弱银行扩大信贷的能力。如果对数字美元计息，会进一步分流货币基金、短期国债等低风险资产，增加相关投资工具的融资成本。二是冲击金融稳定。金融动荡时资产可迅速转化为数字美元，易引发挤兑，可能加速流动性枯竭，甚至导致金融机构破产。三是影响货币政策效力。央行数字货币加大存款准备金和短期利率波动，导致计息的数字美元对短期融资市场扰动更大，货币政策传导更加复杂。但对数字美元计息可创造新的政策工具，如对持有者进行差异化利率定价等。四是发展数字美元会掌握较多私人数据，在消费者隐私保护与防止金融犯罪间取得平衡的难度大。五是数字美元使用规模大、接入点广泛，须对操作风险和网络攻击等威胁程度进行判断。

3. 数字美元技术路径选择应保持一定开放度

由于技术路径选择会影响数字美元政策目标的实现和带来潜在金融风险，美国采取开放式的研发方法，未限定数字美元的技术路径，并在充分试验和论证的基础上再逐步明确。数字美元技术路径选择主要集中在三方面。一是双层架构还是单层架构的选择。双层架构（央行向金融

①　法案全称为《要求研究中国创建央行数字货币对国家安全影响的法案》，要求美国总统向国会提交中国央行数字货币对短期、中期和长期国家安全风险的报告。

中介发行数字货币，再由金融中介提供服务）能够调动现有金融资源，对金融中介冲击相对较小。单层架构（央行直接向公众发行数字货币）对金融中介影响大且尚不符合美国法律，但能直达实体经济。美联储倾向于采用双层架构，但不排除单双层架构并行的可能性[①]。二是是否支付利息。三是数字美元既可能基于现有金融基础设施发展，也可能应用区块链技术，美联储在同时开展两类技术试验。美国白宫科技政策办公室对数字美元系统技术评估报告也强调不预先假定数字美元将使用分布式记账或中心化管理数据库等技术。

（三）美国积极开展数字美元研究

1. 美联储联合多方力量协同推进数字美元试验

对数字美元技术设计，美联储积极开展试验，并引入国际金融组织、高等院校等力量。2020年，波士顿联储和麻省理工学院合作开展"汉密尔顿项目"（Project Hamilton），旨在研究潜在数字美元的技术可行性。2022年2月和12月，该项目分别公布了两阶段研究报告。第一阶段重点关注数字美元的架构设计和技术实现方案，如区块链技术、单层架构或双层架构；第二阶段重点关注功能设计，包括隐私和可审计的加密设计、可编程性和智能合约、离线支付等。2021年11月，纽约联储成立纽约创新中心，该中心是纽约联储与BIS创新中心战略伙伴关系的重要组成部分，与公共和私营部门专家合作，重点关注监管技术、金融市场基础设施、货币的未来、开放金融和气候风险五个领域，其中货币的未来领域主要涉及CBDC方面的工作。2022年，纽约创新中心发布首个CBDC研究项目Ceder的第一阶段试验结果报告，试验共为期12周，试验内容包括开发批发型CBDC，以及探索区块链技术支持

---

① 例如，美国国会2020年3月发起的法案同时采用单双层结构。法案全称为《要求会员银行为特定人群和因其他目的维护传递式数字美元钱包的草案》，联邦储备银行可直接开设"数字美元钱包"（即单层架构）、受监管商业银行可开设"传递式数字美元钱包"（即双层架构）。

的批发型 CBDC 在增强跨境支付功能方面的应用。该项目的参与方还包括新加坡金融管理局，以及花旗集团、汇丰控股、美国银行等 9 家金融机构。

2. 广泛开展数字美元政策影响研究

对数字美元引发的潜在风险与政策影响，美联储通过宏观政策分析和公开讨论加以研究，如克利夫兰联储和亚特兰大联储研究金融包容性问题，美联储与市场机构、学者也定期开展公开讨论。美联储数字美元白皮书也体现了公共参与特征，共提出 22 个技术或政策问题，包括央行数字货币是否付息、中介机构筛选标准、对金融稳定的影响等，旨在推动社会力量共同开展讨论和研究。

除美联储外，私营部门也为数字美元提供研究支撑。2020 年，美国商品期货交易委员会前主席发起成立非营利组织数字美元基金会（Digital Dollar Foundation），成立由 20 余名成员组成的咨询小组研究美国 CBDC 框架，同时创建数字美元项目（Digital Dollar Project），旨在确定数字美元解决方案选项，以提高货币政策有效性，增强数字美元在零售、批发和国际支付中的可扩展性。2020 年 5 月，该项目发布白皮书，提出数字美元的雏形，探讨数字美元的好处与风险，以及潜在的应用案例与试点。

3. 强化 CBDC 研究的国际合作，关注规则标准制定

近年来美国通过多种方式强化 CBDC 国际合作。一是通过国际经济合作平台开展 CBDC 国际合作。2020 年以来，G7 联合声明多次涉及 CBDC 议题，2021 年公开发布《零售型 CBDC 的公共政策原则》，提出针对零售 CBDC 的 13 项原则，涉及货币和金融稳定、法律和治理框架、数据隐私、溢出效应、跨境支付等。二是联合国际金融组织推动国际合作。2020 年，美联储与其他 G7 国家央行联合 BIS 成立 CBDC 研究小组。该小组重点关注 CBDC 的规则和标准制定，发布《央行数字货币：基本原则与核心特征》《央行数字货币：执行总结》等，提出 CBDC 应满足三大

原则，即"不伤害"（不妨碍央行履行其维持货币和金融稳定职责）、"共存"（应与现有金融系统相互补充，与商业银行账户共存）、"创新和效率"（通过持续创新和竞争来提高支付系统效率），同时对 CBDC 如何服务实体经济、对银行系统产生的影响等问题开展研究，对全球规则标准制定有较大影响。三是美国商业机构推动 CBDC 国际合作。2023 年 5 月，加密货币公司瑞波（Ripple）推出可供央行发行 CBDC 的平台，已有多个国家利用该平台研发 CBDC。摩根大通、花旗银行、埃森哲等大型机构参与多个跨境支付 CBDC 项目，也间接促进了美国在数字美元方面的国际合作。

二、美国私人数字货币发展总体情况

（一）美国私人数字货币交易活跃、行业快速发展

1. 私人数字货币交易活跃，应用范围逐步扩大

比特币是全球市值最大的私人数字货币，市值曾一度超过 1 万亿美元，截至 2023 年 8 月市值约为 5000 亿美元，约占全球私人数字货币总市值的一半。根据在线统计数据平台 Statista 的数据，2020 年美国比特币交易量达到 15.2 亿美元，相当于第二大交易国俄罗斯的 3.6 倍（见图 1-1）。除私人数字货币现货交易外，美国还推出相关衍生产品，用于管理风险，进一步活跃了私人数字货币交易。2018 年，芝加哥商品交易所和芝加哥期权交易所推出比特币期货合约，2021 年芝加哥期权交易所推出以太坊期货合约。基于期货合约的共同基金随后逐步发展，2021 年 10 月，领航基金（ProShares）推出首个比特币期货 ETF，2023 年美国多家机构申请以太坊期货 ETF，市场认为获得监管部门批准的可能性较大。

（亿美元）

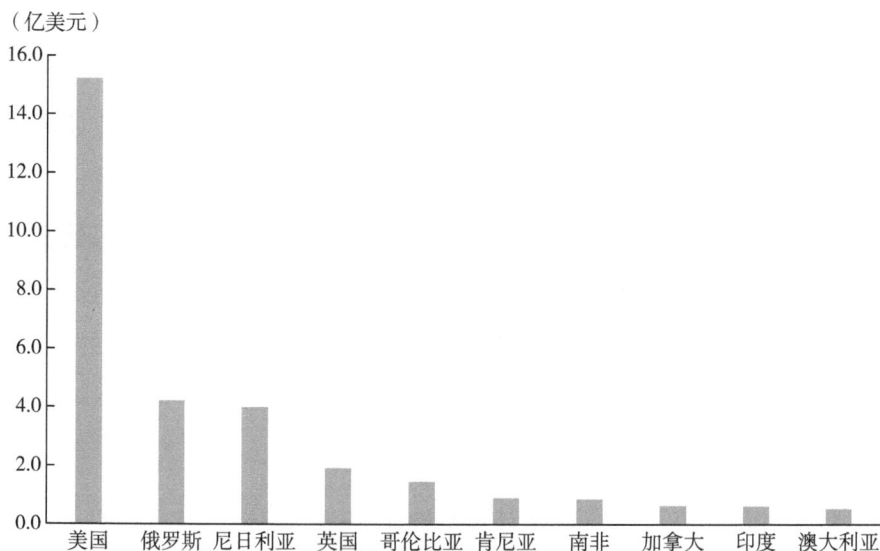

图1-1　2020年部分国家比特币交易量

资料来源：Statista。

　　美国居民对私人数字货币的接受程度较高。根据美联储发布的《2023年美国家庭经济状况报告》，对1万余名受访者的调查结果显示，2020年使用或持有私人数字货币的比重约为12%。高收入群体对私人数字货币接受度明显更高，46%的私人数字货币投资者年收入超过10万美元，而年收入低于5万美元的私人数字货币投资者所占比重为29%。多数受访者将私人数字货币作为投资工具，持有私人数字货币用于投资的受访者约占总数的11%。与过去相比，美国居民也开始探索私人数字货币除作为投资工具外的其他功能，其中使用私人数字货币购买商品、汇款所占的比重分别为2%和1%。不少商家或机构接受私人数字货币作为支付媒介是重要的驱动因素。据不完全统计，戴尔、贝宝、微软、星巴克、特斯拉等大型公司都已经接受私人数字货币作为支付媒介。小企业对私人数字货币的接受度也比较高。2021年为小企业提供发票软件的Skynova调查了584家小企业，发现近三分之一受访小企业将私人数字货币作为一种可接受的支付方式。2018年，美国俄亥俄州向企业开放比特币纳税业务，成为美国首个接受私人数字货币纳税的州。

2.私人数字货币行业快速发展

从私人数字货币业务的区域分布看，美国私人数字货币行业处于全球领先水平。根据美国白宫科技政策办公室的数据，美国私人数字货币业务约占全球私人数字货币业务的三分之一。2021年，美国私人数字货币行业总收入达到129.3亿美元，而全球排名第二到第十位的国家收入之和约为108亿美元（见图1-2）。受私人数字货币崩盘等因素的影响，2022年美国私人数字货币行业总收入降至86亿美元，但2023年有较大反弹。根据加密分析公司K33 Research的统计，全球加密行业员工约为19万人，其中居住在美国的数量最多，占全行业员工的比重约为29%。

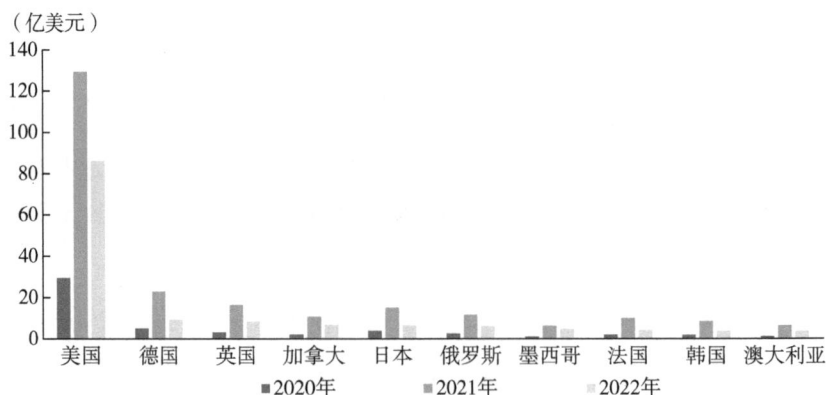

图1-2　2020—2022年部分国家私人数字货币行业收入

资料来源：Statista。

由于起步早、业务发达，美国私人数字货币领域形成了较为丰富的行业生态。一是私人数字货币交易所。全球前五大私人数字货币交易所中有2家为美国公司，分别是Coinbase和Kraken，2021年Coinbase在纳斯达克交易所上市，是美国首家上市的私人数字货币公司。二是去中心化金融（DeFi）平台。DeFi平台通过区块链网络链接、智能合约等方式允许用户完成交易，而不需要银行等传统金融中介的参与。Gemini、Voyager等交易平台可在未引入金融中介的情况下完成抵押、借贷、衍生品交易等业务。DeFi平台业务涉金融属性强、风险大，不少DeFi平台公司在市场动荡中破产或被监管部门提起诉讼。三是私人数字货币服务商。私人数字货币不仅可用于投资，也可作为支付媒介或汇款工具。Strike等私人数字货币钱包公司通过开发集中储存和交互功能，为用户使用私人数字货币提供便利。Ripple发行瑞波币，构建了跨境支付网络。四是"挖矿"企业。私人数字货币大多需要工作量证明（PoW）（被称为"挖矿"）来产生，美国"挖矿"产业规模为全球最大。五是区块链技术开发企业。区块链技术是私人数字货币发展的基础。根据中国信息通信研究院《区块链白皮书（2023年）》，美国区块链企业数量居全球第二位，为2697家，仅次于中国（2802家）。福布斯2023年全球区块链50强中，有25家来自美国；2021年雅虎财经利用营收、市值等数据推荐最具投资价值的15家区块链企业中，有8家来自美国。

（二）美国大型金融机构加快私人数字货币探索

私人数字货币的迅猛发展，既给传统金融业务带来挑战，也产生新的业务增长点，美国大型金融机构近年来明显加快私人数字货币探索。一是将私人数字货币纳入投资标的，并发行相关金融产品。2020年，道富银行对300家机构投资者调查发现，超过80%的受访机构被允许持有私人数字货币敞口。2022年5月Coinbase统计发现，该交易所当年第一季度交易量中，机构投资者约占四分之三。全球最大资产管理公司贝莱德发行了比特币期货ETF产品，同时与Coinbase合作，向其客户提供私人数字货币交易服务。二是基于私人数字货币开发金融服务。Visa、PayPal等金融机构与数字货币公司合作提供私人数字货币支付服务，Visa开发的通用支付渠道可用于稳定币之间的转换。三是开发私人数字货币，以与美元挂钩的稳定币为主。摩根大通于2020年10月正式推出摩根币，基于区块链技术实现机构账户即时支付交易，成为首家开发加密货币的美国大型银行。2023年

8月，PayPal推出美元稳定币PYUSD，完全由美元存款、短期国债和类现金等价物支持。上述稳定币可作为金融或商品服务的交易媒介，可能成为新的金融基础设施。

（三）美国私人数字货币引发多重问题

由于内在价值不明确、尚未被完全纳入监管体系，私人数字货币的迅猛发展增大了美国的金融风险，引发多重问题。一是价格崩盘风险。私人数字货币价格波动大，受美联储加息、欺诈案件频发等多重因素影响，2022年私人数字货币总市值由3万亿美元跌至1万亿美元左右，多种私人数字货币价值跌到零附近，给投资者造成巨大损失。二是缺乏投资者保护。私人数字货币信息披露不充分，一些稳定币底层资产不透明。部分加密货币平台以智能合约交易为名开展违规金融交易，有的甚至挪用客户资金。总部位于巴哈马但在美国业务较多的交易所FTX，被指控挪用100亿美元的客户资金用于支持FTX所有者的公司。三是私人数字货币遭遇诈骗或黑客攻击风险大。美国联邦贸易委员会表示，2021年1月至2022年3月，共有超过46000名美国人报告受到私人数字货币诈骗，损失不低于10亿美元。区块链分析公司Chainalysis统计数据显示，2021—2022年超过30亿美元的私人数字货币被黑客盗窃，美国客户遭受严重损失。四是匿名性高，可能被用于洗钱和恐怖主义融资等非法交易。五是与金融市场的风险联动在增加。随着更多美国个人和机构投资者将私人数字货币纳入投资范围，私人数字货币与传统金融资产的相关性大幅增加，同时也将风险向银行等金融中介传导。2023年，美国银门银行、签字银行相继破产倒闭，重要原因之一是这两家银行的私人数字货币业务较多，加密市场大幅波动加大了挤兑风险。

三、美国私人数字货币监管态势

（一）在联邦层面，美国以功能监管的方式强化私人数字货币监管

由于尚未就私人数字货币进行专门立法，美国监管机构按照现有法律根据各自职能开展监管工作。早在私人加密货币发展的起步阶段，2011年美国财政部下属的金融犯罪执法局（FinCEN）就明确规定从事加密货币服务业务的服务商需遵循反洗钱合规等要求。市场规模快速扩张后，美国多层级监管机构大幅强化监管。商业性数字资产兼具证券、大宗商品、支付工具等属性，美国依据功能属性将其纳入现有监管体系，形成联合监管格局。美国证券交易委员会（SEC）监管具有证券属性的加密货币、相关投资基金和信托、交易所，货币监理署（OCC）负责稳定币发行、托管和支付的监管，商品期货交易委员会（CFTC）监管加密货币期货合约交易，金融犯罪执法局（FinCEN）和司法部等打击洗钱、敲诈勒索等违法犯罪行为。2021年，美国司法部成立国家加密货币执法小组，美国联邦调查局（FBI）成立虚拟资产利用部门，重点打击私人数字货币诈骗、黑客盗窃等违法行为。以监管竞争与协调的方式促进统一框架形成。私人数字货币具有多重属性，一些特征也未形成定论，如大多数私人数字货币是属于证券还是商品尚不明确，使得监管部门工作存在交叉重叠现象。典型的案例是美国SEC和CFTC都试图竞争管辖权，以获得更大监管权力。对于高速发展的高风险领域，多重监管虽然增加监管成本，但有助于控制风险。

受加密市场大幅波动影响，2022年后美国加大力度强化对私人数字货币的监管。2022年3月，美国政府发布针对数字资产的行政命令，减轻滥用数字资产所带来的非法金融风险和国家安全风险是政策目标之一，指示监管机构加大监管力度以防范数字资产带来的任何系统性金融风险。2022

年 9 月，基于各部门的研究，美国政府正式发布美国首个"联邦数字资产综合框架"，要求监管部门进一步强化私人数字货币监管。2023 年 6 月，SEC 对全球最大的交易所币安和 Coinbase 提出法律指控，理由是两家交易所上市交易未经注册的证券。此举引发市场震动，主要私人数字货币价格明显下跌。2023 年 8 月，美联储加强对银行参与私人数字货币业务的监管，要求美联储系统银行在发行、持有或交易私人数字货币时，应获得美联储的无异议函。

总体来看，美国以强化监管而非取缔来平衡安全和风险。2022 年 9 月后，美联储主席和证券交易委员会主席等明确表态未考虑禁止私人数字货币，而是要实行更严格的监管。监管既有限制性，也有促进行业规范发展的功能。将私人数字货币全面纳入监管框架后，商业性数字资产能明确发展边界，在监管规范下可吸引更广泛资源进入这一领域，加速行业发展。但对于可能冲击美元国际地位的领域，美国持高压态度，如脸书试图发行国际稳定币受到美国国会和监管部门的明确反对。

（二）美国多个州强化私人数字货币监管

除联邦层面外，美国多个州也出台了州一级的监管要求，一些监管要求出台的时间甚至早于联邦政府。纽约州金融业务发达，较早规范私人加密货币业务。2015 年，纽约州金融服务局公布《虚拟货币监管法案》，制定数字货币许可证制度的监管框架，这是美国首个专门为私人数字货币制定的监管规则。2022 年，纽约州金融服务局发布针对拟开展私人数字货币业务银行的客户保护指南。此外，加利福尼亚州、内布拉斯加州等也都制定了针对私人数字货币的监管法案。2017 年，美国全国统一州法委员会通过《统一虚拟货币经营监管法》，由各州立法机关决定是否采纳，为州一级统一私人数字货币监管奠定基础。

（三）推动建立私人数字货币全球性监管框架

私人数字货币匿名性较强，可在全球范围内流动，但各国监管理念与监管力度存在较大差异，跨境监管套利风险高。由于私人数字货币业务活跃，金融风险和欺诈风险事件频现，因此美国推动全球建立对私人数字货币的统一监管框架。2022 年 9 月，美国"联邦数字资产综合框架"明确提出，将扩大美国在 G7、G20、FSB 等国际金融组织数字资产方面的领导作用，推动建立反映数据隐私保护、金融稳定、消费者保护等价值观的标准、法规和框架。2023 年 5 月，G7 发布联合声明支持对私人数字货币实施更严格的监管，同时支持 FSB 出台加密资产监管规范。

专题二

欧元区央行数字货币与私人数字货币发展态势

在全球金融环境快速变迁的背景下，欧元区对数字欧元的态度经历了从审慎保守向主动推进的转变。欧洲央行推进数字欧元，内因是欧盟将数字化转型作为推动经济社会发展和应对过度竞争的重要手段；外因则是欧盟在国际格局变迁下受到的外部战略压力增加。欧洲央行认为数字货币具有重要的战略意义，通过积极探索数字欧元发展的可能性，希望对接全球数字化趋势、金融稳定的需求以及缓解市场竞争的压力，提升自身金融体系的效率、科技创新能力和国际竞争力，维护金融的稳定与安全。与央行数字货币相比，欧元区对私人数字货币仍维持审慎监管的态度，其私人数字货币发展还相对较为有限。一方面，欧洲已有部分国家将比特币纳入正式货币体系；另一方面，稳定币在欧洲发展受到严格限制。但总体来说，欧洲央行认为数字欧元和私人数字货币都可能是未来支付生态系统中不可或缺的重要组成部分。未来需要建立合理的监管框架，并采取共同协调推进的方式，促进市场的健康发展。

一、数字欧元进展及面临的问题

（一）数字欧元的概念和特征

1. 数字欧元的定义

欧洲央行在 2023 年 4 月发布的数字欧元进展阶段性报告中，将数字欧元定义为：整个欧元区公民、企业和政府用于数字零售支付的央行货币。因此，数字欧元是一种由公共部门——欧洲央行发行的，得到公共部门支持的数字货币。

2. 数字欧元的特征

欧洲央行将发行数字欧元的目标描述为将央行货币的优势与当今人们使用网络支付相结合，即在纸币的基础上，通过电子形式向公众提供公共资金。因此，数字欧元具有以下特征：是一种支付选项，允许个人在欧元区任何地方使用数字欧元进行支付；是数字时代现金的演变，能够维护公共资金作为金融系统货币锚的作用；是一个欧洲创新平台，允许金融中介为其客户提供即时服务；能够增强欧洲支付弹性。可见，数字欧元将是纸币的补充品而非替代品，其通过受监管的金融中介（如银行和支付服务提供商）分发。同时，欧洲央行表示不会查看或存储用户的个人数据，且数字欧元永远不会是可编程形式的央行数字货币。

3. 欧盟在欧元区推动数字欧元发展的意义

欧洲央行将发行数字欧元的重要性总结为以下几点：一是满足公众对数字支付的需求；二是通过数字化加快欧元区货币和支付系统发展，进而促进经济增长；三是提升货币对金融领域科技发展带来的风险的抵御能力，增强金融体系的稳定性。从欧洲央行对数字欧元的表述中可以看出，欧盟和欧洲央行推进数字欧元的原因包括内部原因和外部原因两方面。内部原因是欧盟将数字化转型作为推动经济社会发展，并应对过度竞争的重要手段，数字欧元是其中必不可少且十分重要的一环。同时，数字欧元也可以满足欧元区推进单一市场建设的需要。数字欧元既可以增加货币政策传导渠道，提升货币政策效果，达到促进市场联通的目的，也可以通过其交易数据改善欧元区市场的信息供应，降低市场碎片化。外部原因则是欧盟在国际格局变迁下受到外部的战略压力增加。数字货币发展形势体现了各国在金融市场主权方面的竞争。尤其是私人数字货币，给央行货币带来了前所未有的挑战。数字欧元可以应对来自不同领域的挑战。同时，数字欧元也能帮助欧元提升国际化水平，弥补现有跨境货币支付基础设施的不足。

（二）欧洲央行筹备数字欧元的进展

1. 欧盟和欧洲央行对数字货币和数字欧元的态度

（1）早期审慎保守

早期，欧盟和欧洲央行对数字货币的态度较为谨慎和保守。例如，欧洲央行十分强调数字货币的风险。2012年和2015年，欧洲央行两次针对比特币等虚拟货币发布报告，并强调了可能存在的风险。在2012年的报告中，欧洲央行认为虚拟货币不受任何形式的监管或监督，持有这些货币将面临信贷、流动性、运营和法律方面的风险。这些风险可能被犯罪分子如欺诈者或洗钱者利用而进行非法活动，并从宏观上对社会稳定构成挑战，例如，若相关案例数量较多，公众将对央行产生怀疑。在2015年的报告中，欧洲央行特别提到虚拟货币的持有者还会面临与高波动性相关的汇率风险、与收款人匿名相关的交易对手风险以及与缺乏透明度相关的投资欺诈风险，以及用户存在失去其持有的全部虚拟货币的风险。由于缺少针对虚拟货币的法律法规和监管，这些风险无法得到缓解。然而，由于当时虚拟货币规模有限，欧洲央行认为并不存在重大风险，也没有必要修改或扩大与此相关的现行欧盟法律框架。

除了欧洲央行，欧盟委员会也从审慎角度对数字货币的风险给出警告。2013年，欧盟的欧洲银行管理局曾在评估虚拟货币时，就购买、持有或交易比特币等虚拟货币产生的一系列风险发出警告。欧洲银行管理局表示，消费者在使用虚拟货币作为支付手段时，没有受到监管保护，可能面临赔钱的风险。同时，虚拟货币也无法保证其货币价值保持稳定。2018年7月，欧盟经济、科技和居民生活政策研究部的研究人员为欧盟经济委员会准备了一份关于虚拟货币的报告。其中提到，如果私人数字货币规模不断增长，可能会给金融系统的稳定性带来风险，尤其是其不受监管的性质以及准匿名的特点，在反洗钱和反逃税方面对欧盟的监管提出了挑战。其他传统的监管问题，如消费者／投资者保护、避免市场操纵和透明度等的监管有效性也将受到影响。报告认为需要根据不断变化的情况重新评估采取行动的必要性，并且欧洲需要采取统一的监管方法，防止成员国的监管出现逐底竞争。

在欧盟整体较为审慎和保守的监管态度下，早期数字欧元工作的进展十分缓慢。欧洲央行认为数字货币首先具有法定货币的属性，其次才是电子支付方式。2018 年 9 月，时任欧洲央行行长德拉吉在欧洲议会上表示，欧洲央行没有发行数字货币的计划。他提到两个原因：一是数字货币背后的技术仍然不成熟，分布式账本尚未经过彻底测试，需要经过进一步开发才能在央行环境中使用；二是国有加密货币将使私人银行部门和中央银行面临争夺零售存款的直接竞争。该时期内，欧洲央行零星开展了一些关于数字货币的研究，例如，与日本央行合作的 Stella 项目主要针对分布式账本的应用潜力进行研究。

（2）2019 年态度转变

2019 年 11 月，新任欧洲央行行长拉加德上台后，欧洲央行对发行数字货币的态度出现了积极的转变。拉加德对 CBDC 的观点是欧洲央行需要在稳定货币方面"走在曲线的前面"，因此主动推进数字欧元项目。其在 2019 年底表示，欧洲央行已成立一个特别工作组，并将加快探索 CBDC 相关工作。

2. 2019 年以来数字欧元筹备的进程

从 2019 年 CBDC 特别工作组成立开始，欧洲央行就积极持续推进数字欧元的相关工作。

（1）2019 年和 2020 年：数字欧元的筹备工作

2019 年底，欧洲央行成立专家工作组，并与各成员国央行合作，研究欧元区央行数字货币建立的可行性。

2020 年 9 月，欧洲央行成立欧元系统央行数字货币高级别工作组，启动了数字欧元的试验工作，在数字欧元分类账、隐私保护和反洗钱、限制流通中的数字欧元、离线访问 4 个领域进行试验。结果表明，4 个领域都没有重大限制。

2020 年 10 月，欧洲央行发布《数字欧元报告》，从欧元体系的角度考察了数字欧元发行情况。报告提到，数字欧元将是央行以数字形式提供的负债，供公民和企业用于零售支付，以成为当前现金和央行大额存款的补充。

2021 年 4 月，欧洲央行公布数字欧元公众咨询结果报告。报告提到民众更关注数字欧元的隐私保护问题，欧洲央行将优先考虑将数字欧元集成到现有的银行和支付系统中。该咨询结果为欧洲央行在 2021 年年中开始对数字欧元进行正式调查提供了基础。

（2）数字欧元项目调查启动

2021 年 7 月 14 日，欧洲央行宣布启动数字欧元项目的调查。

2021 年 10 月，数字欧元调查正式开始，为期两年，于 2023 年 10 月结束。

2022 年 3 月，欧洲央行发布欧元区用户支付偏好的报告，研究着眼于欧元区国家消费者对不同的支付方式的偏好和看法。现金仍然是零售商店中最常用的支付方式，但电子支付使用频率进一步增加。超过一半的欧元区消费者更喜欢信用卡和其他电子支付方式。大多数消费者对他们获得现金的途径总体满意。

2022 年 4 月，欧盟委员会就数字欧元立法开启公众咨询和相关定向咨询。

2022 年 9 月，欧洲央行宣布与西班牙和法国的商业银行，以及美国的亚马逊合作开发数字欧元的不同功能基础架构。

2023 年 6 月，欧盟委员会提出关于数字欧元的立法提案。拟以立法建立一个框架，为在整个欧元区引入广泛使用的数字欧元提供便利，并支持为用户提供高度隐私和数据保护，同时最大限度地减少洗钱和恐怖主义融资风险。

（3）数字欧元项目进展

2023 年 6 月，欧洲央行发布了最新的《数字欧元进展报告》。报告就数字欧元的意义、特征和使用范围做了最新的阐释。报告提到，数字欧元可同时在联网和非联网状态下使用。欧洲央行将发行数字欧元并确保支付结算过程安全合规。受监管的金融中介将分销数字欧元，并负责客户关系管理和数字欧元支付及提供相关服务。数字欧元的使用者可以通过现有的网上银行或移动银行，或新的数字欧元 App 来交易。同时，数字欧元不是稳定币，不会限制使用的对象、时间和原因。

（4）各成员国针对 CBDC 的探索

在欧洲央行推进关于 CBDC 和数字欧元相关研究的同时，欧盟各成员国也对 CBDC 开展了不同形式的探索。德国央行 2021 年测试了基于区块链的分布式电子证券分类账。2021 年 6 月，法国央行和瑞士央行连同私营部门一起，启动了欧元和瑞士法郎之间的数字货币跨境支付试验 Jura 项目，以验证批发型数字货币在跨境交易中的安全性与效率。此外，意大利银行协会已经开始试验基于分布式账本技术的数字欧元，主要研究基础设施和分发模型的技术可行性和可编程性，以及如何用于区分央行数字货币交易系统与现有电子支付系统。西班牙负责快速支付的 Iberpay 与16 家西班牙银行合作，成功完成了概念验证试验，测试了未来数字欧元的不同设计选项。立陶宛央行将其基于区块链的数字纪念币 LBCOIN 项目经验应用于数字欧元的研究中，证明了分布式账本技术支撑的跨境数字欧元的可行性。荷兰央行报告称，该国正准备研发 CBDC，并毛遂自荐要作为数字欧元的试验场所。

（三）数字欧元面临的问题和发展前景

1. 数字欧元可能面临的问题

第一，发展数字欧元首先考虑的是技术的安全性和隐私保护。而数字货币以区块链技术为基础，本身存在一定的风险，如网络攻击、数据篡改等。因此，数字欧元需要通过加强网络安全措施、采取多层次的防御机制等提高安全性。隐私保护是数字欧元面临的另一个问题。根据欧洲央行的调查，欧洲民众对数字欧元的隐私保护问题最为关注。由于数字货币所有的交易数据都记录在区块链上，每一个交易都是可被追溯的，这与个人隐私保护存在明显的冲突。数字欧元需要在保证交易透明性的同时，能够采取适当的措施保护个人隐私。

第二，数字欧元也会带来新的风险，对欧元区的金融稳定产生影响。数字货币使用便利，但其价格波动幅度要大于传统货币，影响金融市场稳定。同时，数字货币也可能对货币政策和银行业等产生影响。例如，资金从传统银行体系转向数字货币，会对银行的存贷款业务造成冲击。而基于数字货币的货币政策传导效应和传统方式也有所区别，给央行有效实施货币政策带来了挑战。因此，监管部门需要建立相应的监管机制和风险管理措施。但2008年国际金融危机后，欧洲在银行业方面建立的单一监管机制发挥的作用有限。在危机时期，这些风险可能更加凸显。

第三，数字欧元需要与现有监管框架有效衔接。近年来，欧盟不断加强数字领域的立法工作，在数据隐私保护、数据治理、数据服务和数据市场等方面出台了一系列法案。数字欧元需要与现有监管措施衔接，其发行和流通需要监管机构的有效监管，以保护用户权益、防止洗钱和恐怖主义融资等非法活动发生。因此，建立合适的监管框架，平衡创新和风险，是数字欧元推广和应用的关键。数字欧元面临着多重目标，部分目标之间可能存在冲突，如隐私保护与公共目标之间的冲突、高标准与成本效益之间的冲突。

第四，欧盟成员国之间数字经济发展水平和数字基础设施建设水平存在差异。一方面，欧洲的数字化发展落后于美国和中国，欧洲民众使用的支付相关基础设施、知识和技术主要由非欧洲公司拥有，欧洲本土科技公司规模较小。另一方面，欧盟成员国之间数字化水平（互联网普及率）差异也较大，在数字领域的制度规则也不统一，民众对数字欧元的认知和支付习惯也存在较大差异，如南欧国家民众仍更喜欢信用卡和现金支付。因此，在推行数字欧元过程中，其独立性和自主性受到挑战。

第五，欧盟内部市场存在市场分割。欧盟各成员国在语言、文化、政治和经济方面都存在不同，部分国家间甚至存在历史矛盾和壁垒。欧盟的单一市场数字化转型也面临很大挑战。在欧洲央行推出数字欧元之前，部分成员国就已有发行本国数字货币的期望。2017 年，爱沙尼亚启动数字货币项目，希望发行全球首个数字法币。数字欧元推行后，西班牙等国也曾提出用本国数字货币替代数字欧元。法国和意大利则已多次和其他国家央行开展数字货币相关试点工作。

2. 数字欧元的发展前景

发展数字货币已是全球范围内的趋势，多个国家和地区都在探索和研发本国和本地区的数字货币。根据欧洲央行发布的《数字欧元进展报告》，未来数字欧元将首先在零售端的支付领域应用，跨境合作是新增长点。可见，数字欧元作为一种数字货币，具有较好的发展前景。一是数字欧元可以促进欧洲数字经济的发展。发展数字货币已经成为全球金融体系的发展趋势，许多国家和地区都在积极探索和推动数字货币的发展。欧洲是经济体量庞大的地区，数字欧元的推出将有助于提高欧洲金融体系的竞争力，促进欧洲数字经济的发展。二是能够提高支付的便利性和效率，减少支付的中间环节和成本，提高交易的安全性和透明度。这些优势有助于吸引用户和商家使用数字欧元，进一步推动数字欧元的发展。三是可作为拓展货币政策的工具。数字欧元的可追溯性使央行能够了解每一笔交易支付金额、具体用途、使用情况等货币流转信息，相比传统货币政策能够更精确控制经济体中的货币供应量，从而对居民储蓄和消费产生影响，提高货币政策的准确性、有效性、时效性。四是数字欧元还能协助监管部门加强金融监管，如反洗钱监管。数字欧元的可追溯性也能助其成为监管机构更好地监督和管理金融市场的有力工具，加强金融安全。五是数字欧元可以帮助欧洲加快一体化进程。通过发行数字欧元，继续构建欧洲统一市场，提升欧洲在政治、经济、社会各方面的一致性，缓解成员国之间的不平衡问题。六是促进国际货币体系趋向多元化。数字欧元的推出或可进一步挑战美元的主导地位，改变全球货币格局。随着各国央行相继推出数字货币，各类数字货币将面临日益激烈的竞争。

二、欧元区私人数字货币发展趋势、面临的问题及监管态势

（一）欧元区私人数字货币的发展和问题

与欧洲央行积极推动数字欧元发展相比，欧元区私人数字货币的发展还相对有限，主要原因是欧盟主要成员国对私人数字货币的监管理念较为审慎。

1. 欧元区私人数字货币的发展

（1）比特币

欧洲是全球比特币重要的市场之一，比特币的发展在欧洲也取得了一定的进展。根据 Statista 网站的统计，2020 年，欧洲比特币的交易规模为 4.6796 亿美元，排在全球第二位；美国排名第一，交易规模为 15.2360 亿美元（见表 2-1）。

表2-1　2020年部分国家和地区的比特币交易规模

国家/地区	交易额（亿美元）
欧洲	4.6796
英国	1.9300
瑞典	0.2338
乌克兰	0.1802

续表

国家/地区	交易额（亿美元）
瑞士	0.0786
罗马尼亚	0.0479
土耳其	0.0500
挪威	0.0450
波兰	0.0408
丹麦	0.0146
克罗地亚	0.0018
匈牙利	0.0017
捷克	0.0111
欧洲其他	2.0441
美国	15.2360
俄罗斯	4.2183
中国	1.9826

资料来源：https://www.statista.com/statistics/1195753/bitcoin−trading−selected−countries/。

　　部分国家，如丹麦、芬兰、荷兰等均已将比特币纳入其正式货币体系之中，允许其在法律范围内合规使用。同时，德国和英国等则将比特币视作私人财产或商品进行处理，制定了针对比特币的法律法规，为比特币的合法使用提供了法律保障。其他国家则对比特币持保留态度或者尚未明确立法。欧洲也有许多商家和服务提供商接受比特币支付。虽然其普及程度在不同国家间有所差异，但总体来说，比特币支付在欧洲的应用逐渐普及。欧洲也有一些比特币交易所逐渐发展起来，为用户提供了便捷的比特币交易平台，如 Bitstamp 和 Bitpanda 等。欧洲也是比特币的创新和研究中心之一。欧洲许多科研机构和高等院校都在进行与比特币相关的研究，推动比特币和区块链技术的发展。总体来看，欧洲比特币的发展仍处于初级阶段，并呈现出多样化的态势。然而，由于涉及金融和货币政策等复杂问题，欧元区私人数字货币的进一步发展可能仍需要较长时间。

（2）稳定币

与比特币等非稳定币相比，稳定币在欧洲发展受到限制。2019年，欧盟各国财长发表声明表示，在充分识别和解决法律、监管等各种挑战和风险之前，任何全球稳定币都不允许在欧盟经营，各成员国也不得将其引入法律法规。欧盟在发展数字欧元计划中也明确将其与私人数字货币严格区分开。2020年，欧洲央行行长拉加德曾表示加密货币（特别是稳定币）交易的主要风险在于纯粹依靠技术，并且依赖于不可识别的发行人或债权人，其基础概念本身有一定缺陷。"这意味着用户不能依赖加密资产来保持稳定的价值：它们具有高度的不稳定性、流动性和投机性，因此不能实现货币的所有功能。"她认为稳定币"构成了严重的风险"。从方式方法来看，稳定币解决稳定性和信任问题的方法是试图与目前流通的法定货币相锚定，以此来推进自己的支付方案和结算方案。一旦诸如Libra（后更名为Diem，后文同）这类的全球稳定币被广泛采用，拉加德认为"它们可能会威胁金融稳定和货币主权"，担忧稳定币可能引起"银行挤兑"。

2019年，欧洲央行执行委员会成员伊夫·默施 (Yves Mersch) 曾发表演讲并具体指出了Libra存在的问题。首先，Libra由Libra协会发行，该协会是由多家在支付、技术、电子商务和电信领域具有全球影响力的公司组成。这种加密货币并不具备"去中心化"和"去中介化"两个基本特性。事实上，Libra与公共货币类似，是高度中心化的，脸书及其合作伙伴扮演着准主权货币发行者的角色。其次，在货币方面，中心化只有经过主权体和中央发行机构背书这样的制度安排才具有保证，企业一般只对股东和成员负责，很难被视为公共信任的载体，或具有"货币"属性的金融工具的合法发行者。最后，尽管Libra号称要成为全球货币，但它缺乏一个全球最后贷款人。在面对流动性危机时，没有明确的部门能够为Libra提供最终支持。Libra也缺乏必要的存款担保计划，无法保护流动性危机期间其持有人的利益。此外，Libra协会成员只承担有限责任。

然而，欧洲央行对Libra等金融创新的总体立场并非将数字欧元和私人支付解决方案视为竞争对手，反而认为两者都可能是未来支付生态系统中不可或缺的重要组成部分。未来可能需要更安全、更经济的创新。欧洲央行对于数字欧元计划与私人支付解决方案采取共同推进的方式，未来数字欧元和私人支付解决方案之间或可实现完全的互通运行。

2. 欧元区私人数字货币面临的问题

一是私人数字货币对金融体系的稳定性有更大影响，金融风险更高。由于发行和运营不受中央银行监管，私人数字货币的波动性较高，可能导致金融市场的不稳定和投资者的损失。二是私人数字货币有更大的洗钱和恐怖主义融资隐患。私人数字货币具有匿名性和跨境特性，可能被用于洗钱和恐怖主义融资活动。这给防范金融犯罪和维护国际安全带来挑战。三是更难的消费者保护。由于私人数字货币发行和运营不受监管机构约束，消费者可能面临欺诈、虚假宣传、服务中断等风险，以及更多的权益保护问题。四是私人数字货币的发展可能对国家货币主权构成挑战。如果私人数字货币得到广泛采用，可能削弱中央银行的货币发行权和货币政策的影响力。应注意的是，私人数字货币带来的影响和挑战可能随着货币和市场环境改变而发生变化，因此，监管机构和政策制定者应密切关注私人数字货币的发展，采取适当的措施来应对相关问题，以确保金融稳定、保护消费者权益并维护国家货币主权。

（二）欧盟关于私人数字货币的法律和监管政策

总体来看，欧洲地区对数字货币和加密货币的监管政策非常严格。未来，在数字货币方面的监管将更加平衡，以更好保护消费者利益，促进市场发展。

1. 近年来欧洲地区与加密货币相关的主要法律法规

2012 年，欧盟出台了《支付服务指令》（PSD），旨在加强对数字支付服务提供商的监管。

2018 年，欧盟出台的第五版反洗钱令（以下简称条例）对加密货币交易所和钱包服务提供商提出监管要求，以防止洗钱和恐怖主义融资活动。同时，条例重申欧盟将加密货币业务与银行、支付处理、游戏等归为统一法律类别。

2018年，欧盟出台《通用数据保护条例》（GDPR），该条例的适用范围极为广泛，任何收集、传输、保留或处理涉及欧盟所有成员国内的个人信息的机构组织均受该条例的约束。

2020年2月，欧盟出台了《人工智能白皮书》《欧洲数据战略》《欧洲新产业战略》，旨在确保欧洲在数字经济领域的竞争优势。

2020年9月，欧盟委员会提出了《加密资产市场监管法案》草案和《数字运营者弹性法案》（DORA）的提案，旨在为加密资产和加密资产服务提供者建立统一的监管框架，规范加密资产的分类、定义、发行、交易、监管等，并要求加密资产服务提供者遵守更高的技术和运营标准。

2020年12月，欧盟委员会公布《数字市场法》（DMA）草案和《数字服务法》（DSA）草案，强化对数字支付领域的反垄断监管，规范金融数据使用行为。

2021年6月，欧盟委员会发布了第六版反洗钱令，进一步扩大了洗钱和恐怖主义融资的罪名范围，增加了对合谋犯罪、环境犯罪、税务犯罪等的惩罚力度。

2022年7月，欧盟理事会通过了《数字市场法》，以规范数字市场秩序。

2022年10月，欧盟理事会通过了《数字服务法》。

2023年5月，欧盟理事会通过《加密资产市场监管法案》（MiCA），使其正式成为欧盟法律，在27个欧盟成员国统一实施。这是欧盟为地区加密货币创建全面监管框架的首次尝试。

2023年7月，欧洲银行管理局建议稳定币发行机构为即将启动的加密资产市场监管做好准备。

2. MiCA 的监管重点

2023 年 5 月，第一套完整的加密资产管理法律 MiCA 获得了欧盟成员国代表的一致表决通过，这是欧盟首次尝试为加密货币创建全面监管框架。MiCA 将加密资产定义为"能够使用分布式账本技术或类似技术以电子方式传输和存储的价值或权利的数位表示"。该法律将适用于欧盟 27 个成员国。根据 MiCA，想要发行加密资产的公司或企业必须获得许可证。稳定币发行公司将被要求维持充裕的储备金，以便在发生大规模挤兑事件时能够应付赎回要求。同时，稳定币将设立每日 2 亿欧元的交易额上限。在监管机构方面，虽然欧盟成员国仍将是新规的主要执行者，但欧洲证券和市场管理局也将获得相关权力，能够在加密货币平台没有适当保护投资人或威胁整个市场完整性及金融稳定性时，及时出手禁止或限制交易。MiCA 还将解决围绕加密货币的环境问题，要求企业披露其能源消耗以及数字资产对环境的影响。MiCA 对匿名交易也进行了限制。交易所与由个人拥有的"非托管钱包"进行转账交易时，若金额超过 1000 欧元，就必须上报。

3. 欧盟对私人数字货币监管的重点和意义

欧盟对私人数字货币的审慎监管主要体现在以下几个方面。一是维护欧洲金融体系的稳定。欧盟相关监管机构十分关注金融稳定。私人数字货币提供商需要遵守反洗钱、反恐怖主义融资等金融犯罪防范措施，并监控其系统的稳定性和风险管理。这些措施能够有效地防止恐怖分子、犯罪分子利用数字货币和加密货币进行非法活动。二是做好金融消费者保护工作。保护金融消费者权益是监管重点，欧盟监管机构要求私人数字货币提供商提供透明、清晰的信息，遵守消费者权益保护法规，并确保消费者能够方便地获得投诉解决渠道。三是确保金融活动合规。私人数字货币提供商需要遵守金融监管的一系列合规要求，包括适当的许可证和监管审查。欧盟监管机构可能会要求私人数字货币提供商遵守反洗钱、反恐怖主义融资等法规，并进行监管审查。四是对创新的监管。欧盟并不反对激发私人数字货币的创新潜力，并认可创新的重要性，因此欧盟在监管中也试图在稳定和创新之间找到平衡。欧盟监管机构通常会与私人数字货币提供商进行对话和合作，了解其业务模式和技术特点，并在需要时制定相应的监管框架。

欧盟对私人数字货币的监管十分严格，但其也为欧洲经济的发展提供了保障。虽然政策可能会限制数字货币整体的创新发展，影响数字货币市场的流动性，从而对市场价格造成间接影响，但这些政策旨在促进数字货币，特别是私人数字货币市场的健康持续发展，更好保护金融消费者。

专题三

新兴市场国家央行数字货币与私人数字货币发展态势

新兴市场国家的范围较广，目前没有形成统一的界定，不同机构的定义有所差别。1993年，时任美国总统克林顿在提出"国家出口战略"时，最早提出"新兴市场国家"概念，将南美、大中华区、南亚等地的墨西哥、阿根廷、巴西、南非、波兰、土耳其、中国、印度、印度尼西亚、韩国等国列入其中。1994年，美国商务部把中国大陆、印度、东盟各国、韩国、土耳其、墨西哥、巴西、阿根廷、波兰和南非列为新兴市场。2021年，国际货币基金组织将新兴市场的特征归纳为持续市场准入、达到中等收入水平、具有更大全球经济相关性，但也强调新兴市场是多样化的，没有统一的定义[①]。国际货币基金组织在2021年的《世界经济展望》中，基于人均收入高、商品和服务出口多元化、融入全球金融系统等具体特征，将39个经济体归类为"发达经济体"，其余国家被归类为"新兴市场和发展中经济体"。

一般而言，主要新兴市场国家除了金砖五国，还包括G20成员中的阿根廷、沙特阿拉伯、墨西哥、菲律宾、土耳其、印度尼西亚等国，本专题还将巴基斯坦、尼日利亚、孟加拉国、埃及、越南、伊朗等人口规模和发

[①] https://www.imf.org/external/pubs/ft/fandd/2021/06/the-future-of-emerging-markets-duttagupta-and-pazarbasioglu.htm.

展潜力较大的 6 个国家纳入分析范围。

一、主要新兴市场国家央行数字货币与私人数字货币的进展及面临的问题

（一）CBDC 总体情况及面临的共性问题

CBDC 是数字形式负债，是法定货币新形态，一般由中央银行实行中心化管理，因而在支付、流通过程中具有透明度高、便捷高效的特点，分为面向金融的批发型数字货币和面向公众的零售型数字货币两类。金融机构作为批发型 CBDC 用户在央行开户，旨在提高大额支付结算的成本效率，增强金融体系安全性。零售型数字货币有别于传统的现金，针对洗钱、恐怖主义融资和逃税漏税等违法行为具有可追溯性，还能促进普惠金融发展，支持点对点支付，包括跨境点对点支付。基于零售型数字货币，未开立银行账户的公众可通过数字钱包享受基础金融服务。根据 2016 年发布的《G20 数字普惠金融高级原则》，数字普惠金融借助数字技术降低服务成本，基于商业化可持续，为较难获得金融服务的弱势群体提供正规金融服务，涵盖支付、转账、储蓄、信贷、保险、证券、财务规划和银行对账单等各类服务。央行数字货币是其中的金融基础设施。

发达国家关注央行数字货币反洗钱、打击恐怖主义融资、防止逃漏税以及跨境支付等功能。而新兴市场国家在此基础上，更希望发挥数字货币对数字普惠金融服务的促进作用。例如，在拉美发展中国家，央行发行数字货币的目的除了管控洗钱、伪造货币和其他现金欺诈行为，提高支付效率和安全性外，还包括降低金融服务成本、增强金融服务的包容性。

由于私人加密货币的价格具有高波动性，央行数字货币是替代私人加密货币的重要选择，具有现实意义，大多数国家对此予以高度重视。根据国际清算银行 2022 年 5 月发布的 81 家央行统计数据，有 90% 的央行正进

行数字货币研究，62% 的央行已进入试验或概念验证阶段。大量新兴市场国家的央行参与研究或试验。

在研究和试点过程中，央行数字货币面临的风险和挑战引起人们重视①。一是央行数字货币面临私人加密货币的竞争。在私人加密货币易变现的情况下，在高通胀环境中，人们倾向于选择私人加密货币，如稳定币，而不是央行数字货币。这样，央行数字货币将难以发挥价值尺度和贮藏手段的作用。然而，私人加密货币本身面临赎回风险，市场价格容易受少数交易者影响。这意味着国家的金融主权可能受到影响。二是央行数字货币的发行涉及一系列技术问题。例如，数字货币以账户还是令牌②方式表示，采取中心化还是分布式治理模式，以及隐私保护等。三是存在技术过时风险。相关技术服务商具有脆弱性，且存储了大量数据，一旦技术过时则会引发风险。四是央行数字货币应用的区块链技术具有分布式去中心化特点，但央行数字货币采取中心化管理模式，这种管理模式与应用技术之间存在矛盾，潜在的网络操纵漏洞风险会被放大。五是面临潜在的系统性风险问题。随着央行介入货币业务，传统央行和商业银行的两级架构稳定性可能受到不利影响。

总体而言，央行数字货币在身份识别、可编程性和客户隐私保护三方面面临困境，难以同时满足这三方面需求，为此需要在隐私保护与反洗钱和反恐怖主义融资之间取得平衡。

为慎重推进央行数字货币应用，新兴市场国家多数采取试点方式。具体可分为两类：一是在特定地区试点；二是引入监管"沙盒"机制，通过限定支付额度等方式，控制潜在风险。在实践中，这两种方式往往混合

---

① Piero Cipollone, The Implementation of CBDCs by Central Banks: Challenges, Risks and Opportunities, Conference "Central Bank Digital Currencies: Threat or Opportunity?" London School of Economics, October 28th,2022.

② "Token" 这个词在不同的语境下有不同的翻译和含义，既可以翻译为"令牌"，也可以翻译为"代币"，具体如何翻译取决于它的使用场景。当 "Token" 用于计算机科学、网络安全、身份验证或技术领域时，通常翻译为"令牌"。当 "Token" 用于区块链、加密货币或金融领域时，通常翻译为"代币"。

应用。

（二）主要新兴市场国家私人加密货币发展情况与监管态势

1. 发展情况

新兴市场国家在不同程度上存在高通胀、外汇汇入费率高、银行账户普及率不高等问题，这些因素带来了对私人加密货币的需求。新兴市场国家的数字科技应用水平，如互联网普及程度、智能手机普及程度以及当地人口规模、经济活力、公众平均受教育水平等，也是私人加密货币大规模应用的基础条件。总体而言，新兴市场国家私人加密货币的内在发展动力较强，但最终发展格局取决于本国政策。这种政策是多方利弊权衡的结果，与各国具体国情有关，不存在唯一正确的政策选择。

金砖国家的巴西、俄罗斯、印度、南非四国，具有人口多、对外经济贸易联系密切、经济发展潜力大的特点，私人加密货币的潜在市场较大。但这四个国家具体情况各有不同。俄罗斯面临外部强力制裁，私人加密货币在国内投资活动仍然受到限制，主要应用在国际贸易结算领域。巴西、印度和南非的私人加密货币市场在遵守反洗钱、反恐怖主义融资等要求的前提下，私人加密货币投资活动并未受到本国政府的特别限制。

其他主要新兴市场国家的私人加密货币市场也有差异，私人加密货币在沙特阿拉伯、孟加拉国、埃及等国被严格禁止，在阿根廷、墨西哥、菲律宾、土耳其、印度尼西亚、巴基斯坦、尼日利亚、越南、伊朗等地交易活跃。抗通胀、降低外汇汇入费用等经济利益动机是民间持有私人加密货币的驱动力。

2. 面临的问题

上述国家面临的问题有共同之处。一是诈骗现象频发，对当地政府形成了较大压力。有的诈骗案总金额达十多亿美元，对社会的负面影响很大。具体涉及虚假投资、以高回报骗取资金等。由于私人加密货币具有去中心化、匿名等特点，执法部门很难直接监控，多数在案发后介入，涉案资金追缴也面临很大困难。二是落实反洗钱等政策面临具体挑战。目前，主要通过集中化的私人加密货币交易平台了解客户，实际难免存在漏洞。再加上一些未经注册的私人加密货币交易平台参与服务，政府监管面临挑战。这种格局意味着加密货币交易平台经营面临潜在合规风险，存在被当地政府处罚的不确定性。例如，全球最大的加密货币交易平台币安（Binance）在多个国家面临处罚。三是私人加密货币的盗窃现象较多。其中，黑客从加密货币交易平台盗窃私人加密货币的案例不少，且数额巨大，动辄数亿美元。

这种格局导致金融投资者的权益很难得到有效保障。主要新兴市场国家对私人加密货币态度可分为两类。一类是劝阻甚至禁止私人加密货币交易。理由是私人加密货币缺乏价值基础、价格具有高波动性，与官方背书的法定货币存在本质区别，不利于维护公众利益。另一类是把加密货币视为金融资产，允许进行投资，政府执法部门加强对各类侵害投资者权益案件的事后查处。

3. 监管态势

从监管视角看，新兴市场国家对私人加密货币监管态度的共同之处是基于金融主权，不认可私人加密货币作为货币，不允许其在国内市场用于支付。同时，绝大多数国家都把私人加密货币定义为金融资产，允许买卖、持有私人加密货币以及提供相关服务。

但是，私人加密货币的信息加密、匿名交易机制，容易为各类金融犯罪等活动提供便利。反洗钱金融行动特别工作组（FATF）于 2018 年 10 月修订了"金融行动特别工作组建议"，要求将虚拟资产服务的提供商纳入反洗钱和反恐怖主义融资监管范畴，对新兴市场国家加密货币市场管理产生基础影响。新兴市场国家普遍将反洗钱、反恐怖主义融资列为私人加密货币交易平台的首要职责，要求明确掌握客户信息，并及时、充分向监管机构报备。

新兴市场国家对私人加密货币交易的监管框架仍处于探索过程中，配套法律相对滞后。具体表现为，在允许使用私人加密货币进行投资的国家，政府对税收予以重点关注，部分国家征收的所得税税率较高，有的达到30%；而在公众投资者保护等方面的监管工作推进有限，一些国家实际无监管。这种格局与私人加密货币交易的技术复杂程度有关。

二、各国具体进展

（一）金砖国家

1. 巴西

（1）巴西 CBDC 发展情况

巴西传统的金融支付手段相对落后。银行柜台服务效率低，在线服务存在手续费高、安全限制条件多等问题。个人银行账户跨行汇款也有时间限制。以 NUBANK 为代表的巴西电子银行针对开户申请、收付款提供在线服务，减免管理费和跨行业务收费，但仍无法实现全天候转账或实时到账。同时，巴西印刷发行新纸币成本偏高。2020 年巴西央行推出 200 雷亚尔面额的纸币，首批推出 4.5 亿张新币印刷成本约 1.5 亿雷亚尔（1 美元约合 5.6 雷亚尔）。2020 年 8 月，巴西央行成立了研究小组，评估发行数字"巴西雷亚尔"的好处，包括降低货币发行流通成本、提高支付结算效率、促进货币安全使用、促进经济发展等。2020 年 11 月，巴西经济部部长保罗·瓜迪斯（Paulo Guedes）披露，巴西将发行 CBDC。2023 年 2 月，巴西央行行长罗伯托·坎波斯·内托（Roberto Campos Neto）宣布，巴西央行将在 2023 年 3 月至 2024 年 2 月实行数字货币试点项目，2024 年 3 月起对试点情况进行评估，2024 年底在国内推广，旨在建立一套完善的即时支付系统和可信赖、可兑换的国际货币系统。此外，巴西政府大力推广 2020 年 11 月上线的即时付款、收款转账系统 PIX，对个人转账免收费用。

（2）巴西私人数字货币发展与监管情况

过去几年，受高失业率、高通胀影响，巴西民众生活成本不断上涨。2020年，巴西雷亚尔对美元大幅贬值，通胀问题促使大众寻找替代货币。巴西由此成为拉丁美洲拥有加密货币ETF最多的国家，该国大多数主要银行和经纪商目前都提供加密货币投资或类似服务，如托管或代币发行。巴西最大私人银行之一Itaú也在将资产代币化，作为服务投资者的途径。根据巴西联邦税务局提供给巴西央行的数据，巴西对私人加密货币行业投资额约为每年1300亿雷亚尔（约合1612亿元人民币）。巴西加密货币交易量在2020年就位居全球第五。但由于监管不到位，盗窃和诈骗案件频发。根据圣保罗联邦和民事警察局统计数据，截至2022年初，两年内涉案金额约为65亿雷亚尔（约合81亿元人民币）。巴西证券交易委员会的研究表明，加密货币诈骗已经占巴西金融诈骗案件总数的43%。

2022年底，巴西国会批准监管巴西加密货币市场的PL 4401/2021（原编号为PL 2303/2015）法案，为加密货币等虚拟资产服务提供指引，旨在降低虚拟货币带来的经济金融风险，防止为非法活动提供资金，保护消费者权益。该法案修正了涉及巴西支付系统（SPB）的第12865/13号法律和第9613/98号法律，定性了洗钱和隐瞒资产罪。具体由监管机构制定符合国际标准的市场准则，以洗钱和隐瞒资产罪名，打击犯罪组织的活动。该法案还建议在《刑法典》中增加"提供虚拟资产服务欺诈"的刑事定罪，对相关犯罪人员处以4年至8年监禁和罚款。该法案增加了未经事先授权提供虚拟资产服务的规定，对相关犯罪行为人处以1年至4年的监禁和罚款。虚拟货币市场业务受《消费者保护法》（第8078/90号法律）的约束。自2015年以来，巴西这一加密货币市场监管法案一直在巴西立法部门进行辩论。新法规于2022年12月21日由巴西总统签署，于2023年6月生效。

巴西联邦税务局视加密货币为税法规定的"金融资产"。从加密货币交易中获得的利润必须在所得税申报表中声明为"其他资产"。如果加密货币交易的月收益超过35000巴西雷亚尔，则个人需缴纳15%～22%的资本利得税。

此外，巴西证券交易委员会认为加密货币相关衍生品都是证券，因此数字货币交易所应当获得提供此类产品服务的授权。数字货币交易所币安（Binance）并未持有这类牌照，无法在巴西充当证券中介，故巴西禁止币安在本国提供加密货币衍生品服务。

2. 俄罗斯

（1）俄罗斯 CBDC 发展情况

俄罗斯中央银行（CBR）于 2020 年 10 月宣布，将引入"数字卢布"作为加密货币的替代品。CBR 副行长阿列克谢·扎博特金（Alexey Zabotkin）解释引入 CBDC 的目的在于遏制加密货币在支付环节产生的风险。基于数字卢布的支付基础设施有助于增强俄罗斯支付系统可靠性。这种数字卢布支持在线交易，可免费转账，能离线使用。2021 年 12 月，俄罗斯完成了数字卢布平台的原型研发，有两家银行完成了客户间数字卢布转账，有 12 家银行申请参与试点业务。随后，俄罗斯中央银行进一步测试贸易和服务企业、公共服务等领域的数字卢布支付业务。数字卢布发行基于两级零售模式：俄罗斯中央银行是数字卢布的发行人和集中平台运营者；客户通过银行 App 访问数字钱包，将非现金卢布兑换成数字卢布，通过金融机构在数字卢布平台上进行交易。根据俄罗斯货币政策指南草案，俄罗斯于 2023 年完成测试工作；从 2024 年开始，逐步将所有信贷组织连接到数字卢布平台，增加可用的支付选项和使用智能合约的交易数量；从 2025 年开始，逐步将所有俄罗斯银行连接到数字卢布平台。

乌克兰危机爆发后，俄罗斯加快推进数字卢布项目进程，旨在发挥跨境结算功能，推进数字卢布立法工作。数字卢布法案（联邦法律草案第 270838-8 号、第 270852-8 号）[①] 于 2022 年 12 月递交国家杜马。该法案明确了数字卢布的法律地位，确定了形成数字卢布使用规则的方法，规定了数字卢布和非现金资金的比例、允许使用数字卢布进行交易的定义以及数

---

① https://konsugroup.com/en/news/digital-rouble-2023-04/.

字卢布的转账规则。该法案要求俄罗斯央行确保数字卢布平台的不间断运行；建立针对数字卢布平台的规则，即制定通过包含访问平台条件、平台参与者和用户要求等的监管法案；确定数字卢布交易金额的最大值；确定信贷机构程序、操作清单和截止日期；确定平台内提供的服务费率；向基于合同的法人实体提供对数字账户（钱包）的访问权限；保障数字卢布的安全性和信息准确性。同时，要求确定数字账户（钱包）协议内容、规则以及签约程序、特点，不允许对数字账户（钱包）进行信用操作，不允许对余额计息。2023 年 3 月，数字卢布法案通过了国家杜马一读流程。2023 年 5 月，俄罗斯国家杜马金融市场委员会（俄罗斯联邦议会下院）为数字卢布法案二读准备了一揽子建议，旨在通过完善金融基础设施，扩大公民、企业和国家的数字技术使用范围，提高支付可用性、速度、便利性和安全性，降低转账成本。修订《俄罗斯联邦中央银行法》，确保俄罗斯央行作为数字卢布平台运营商和参与者的地位；建议授权俄罗斯央行独立保障数字卢布平台运行并保护平台用户利益，使非俄罗斯居民更容易基于平台使用数字卢布。

（2）俄罗斯私人数字货币发展与监管情况

根据 2020 年 7 月通过的俄罗斯《数字金融资产法》（DFA），私人加密货币属于数字资产，不具有货币地位。俄罗斯央行承担主要行业监管职责。俄罗斯央行认为加密货币的交易与挖矿业务可能侵犯货币主权、不利于俄罗斯脱碳进程，有可能被用来资助反政府组织，故倾向于限制加密货币投资，反对相关活动。

乌克兰危机爆发后，西方国家联合对俄罗斯进一步强化制裁，包括从国际资金清算系统①中剔除俄罗斯。为此，俄罗斯央行和财政部于 2022 年 9 月 22 日共同决定促进在跨境支付中使用加密货币。2023 年 4 月，俄罗斯央行披露，监管机构可以用数字资产与外国实体进行结算，在试验框架内可行。俄罗斯国家杜马金融市场委员会披露，俄罗斯国家杜马计划于

---

① 本书中国际资金清算系统指环球银行金融电信协会（SWIFT）。

2023 年 7 月 30 日对四部加密货币法案进行表决，涉及加密货币挖矿、跨境加密支付、数字资产征税以及非法使用数字资产的法律责任等内容。

3. 印度

（1）印度 CBDC 发展情况

2022 年 1 月，印度宣布将由印度储备银行（RBI）推出中央银行数字货币——数字卢比。印度储备银行于 2022 年 12 月发布了关于 CBDC 的概念说明[①]。根据印度财政部国务部长 Shri Pankaj Chaudhary 披露，印度储备银行已在批发和零售领域启动了 CBDC 试点，在零售领域推出的 CBDC 试点主要是基于区块链技术组件。CBDC 无利息，但可以转换为其他形式的货币，如在银行的存款。

批发领域试点被称为数字卢比 – 批发（e₹-W），于 2022 年 11 月 1 日启动，通过消除对结算担保基础设施或抵押品的需求来降低交易成本，降低结算风险，有望使银行间市场更有效率，但仅限于政府证券二级市场交易结算。共有 9 家银行参与数字卢比 – 批发试点项目。根据印度清算公司（Clearing Corp of India）数据，在试点启动的第一天，银行债券交易量为 27.5 亿卢比（合 3330 万美元）。9 家参与银行执行了 24 笔利率为 7.38% 的 2027 年债券交易，价值 14 亿卢比；执行了 23 笔利率为 7.26% 的 2032 年债券交易，总额为 13 亿卢比。

零售领域试点项目被称为数字卢比 – 零售（e₹-R），于 2022 年 12 月启动，由客户和商家组成封闭用户组（CUG）进行试点。e₹-R 采用代表法定货币的数字代币形式，以与纸币和硬币相同的面额发行，提供实物现金的功能，如信任、安全和结算最终性，通过银行进行分配。用户通过银行提供的数字钱包与 e₹-R 进行交易。交易可分为个人对个人（P2P）和个人对商家（P2M）两种模式。8 家银行分阶段参与数字卢比 – 零售的试点。第一阶段从印度国家银行、ICICI 银行、Yes 银行和 IDFC 第一银

---

① https://www.rbi.org.in/Scripts/PublicationReportDetails.aspx?UrlPage=&ID=1218.

行 4 家银行开始，覆盖了印度 4 个城市。另外 4 家银行，包括巴罗达银行、印度联合银行、HDFC 银行、科塔克马辛德拉银行将随后加入这一试点，覆盖孟买、新德里、班加罗尔和布巴内斯瓦尔这 4 个城市，并延伸到艾哈迈达巴德、甘托克、古瓦哈提、海得拉巴、印多尔、高知、勒克瑙、巴特那和西姆拉等地。

从发展方向看，印度 14 亿人口中只有 8.2 亿人能上网，其余因无法上网而难以使用 CBDC，为此需要引入离线功能。同时，CBDC 可能面临支付系统网络攻击，为此需确保令牌（Token）创建是基于最高级别密码技术，并确保令牌交易是基于受信任的环境。

印度储备银行支持通过 CBDC 提高跨境支付效率，作为代理行替代品。从印度官方对央行数字货币的定位看，其旨在补充而不是取代现有货币，为用户提供额外支付途径而不是取代现有支付系统。基于数字卢比（e₹）建立价格合理、可访问、便捷高效、具有安全保障的先进支付系统，提振印度数字经济，使货币和支付系统更高效，增强金融体系包容性，促进数字普惠金融发展[①]。

（2）印度私人数字货币发展与监管情况

印度对私人加密货币的态度经历了从全面禁止到不受监管的转变过程。2018 年印度央行禁止所有加密货币交易，但 2020 年印度最高法院推翻了这一禁令，原因是印度互联网和移动协会（IAMAI）代表公众和行业利益向法院申请取消这一禁令。印度财政部国务部长 Shri Pankaj Chaudhary 于 2023 年 4 月在印度议会上表示，加密资产无国界，需要通过国际合作来防止监管套利，目前在印度不受监管。印度国会于 2022 年 3 月 25 日通过加密货币征税法案，该法案主要面向加密货币交易所，规定印度境内或为印度投资者提供加密货币交易服务的交易所需缴纳 30% 的资本利得税，并面向加密货币交易征收 1% 的源头税。

---

① https://static.pib.gov.in/WriteReadData/specificdocs/documents/2022/dec/doc2022121139201.pdf .

据在线数据统计平台 Statista 估计，到 2023 年底，印度加密货币社区成员可能会超过 1.56 亿人 [①]，他们大部分受过良好教育，年龄在 18 ~ 40 岁。印度加密货币欺诈案案发频率居高不下，包括通过承诺高回报骗取投资资金案件、虚假交易案件等。

印度政府重点依据《反洗钱法》（PMLA）对私人加密货币交易所加强管理。根据印度财政部 2023 年 3 月 7 日第 1072（E）号通知，虚拟数字资产（VDAs）被纳入《反洗钱法》管理范围，规定虚拟资产服务提供商（VASP）包括 NFT 平台、加密货币交易所、加密货币支付网关等，需要进行尽职调查、保持记录等。2022 年 8 月，印度官方冻结加密货币交易所 Wazir 816 万美元资产，理由是协助当地 16 家科技公司洗钱。

4. 南非

（1）南非 CBDC 发展情况

2018 年 6 月，南非储备银行（SARB）发布霍卡（Khokha）项目报告。霍卡项目旨在验证分布式账本技术的批发支付系统概念应用。基于该项目，南非储备银行能查看所有交易详细信息，以便进行监管，并促进合作创新。为提升金融监管能力，南非储备银行于 2017 年 12 月成立金融科技部门，旨在以结构化、组织化方式评估金融科技及其对监管的影响。霍卡项目的目标是在全球同行先前采取的举措基础上，进一步了解南非批发支付背景下的分布式账本技术发展情况。

2021 年 2 月，南非政府间金融科技工作组（IFWG）的创新中心宣布启动霍卡 2 期项目，探索由分布式账本技术驱动的金融市场创新政策及其监管影响。该项目使用最小可行产品（MVP）中的代币在分布式账本上发行、清算和结算债券，参与者能够使用央行发行的批发数字货币（wCBDC）和批发数字结算代币（wToken）购买债券。Absa 集团、FirstRand 有限公司、Investec 集团、约翰内斯堡证交所（JSE）、莱利银行

---

① 截至本书出版，印度加密货币社区成员人数仍未更新。

（Nedbank）集团、标准银行（Standard Bank）以及南非中央证券存管处和中央抵押品平台（Strate）等金融服务机构参与该项目。霍卡枢纽作为代币交易平台发行和交易债券代币。另一个网络是在 SARB 拥有和运营的平台上发行 wCBDC。wCBDC 用于购买一级市场 SARB 债券，wToken 用于点对点购买二级市场 SARB 债券。

南非储备银行 2022 年 4 月发布霍卡 2 期报告，强调旨在试验分布式账本技术在金融市场的应用，因而不支持特定技术，但不同金融基础设施可以在一个共享平台上运行，这有助于降低使用成本和复杂程度。由此，在不同分布式账本网络之间进行交互操作，需要完善多分布式账本的网络设计。由于现有法律和监管框架不针对分布式账本技术，将分布式账本技术应用于金融市场时，应谨慎对待相关法律、监管政策的影响。

（2）南非数字货币发展与监管情况

南非的大量移民工人催生汇款需求，80％以上人口有银行账户，彭博社估计 2023 年汇款市场规模将达 23 亿美元；且金融科技普及度较高，金融科创企业数占非洲科创企业总数的 31.2%[①]。但南非法定货币南非兰特的汇率波动性大，这导致私人加密货币在南非应用较广，南非成为仅次于尼日利亚的非洲第二大加密货币市场，摩洛哥智库新南方政策中心（PCNS）研究发现，南非 770 万人持有加密货币，占总人口的 12.27%，超过尼日利亚的 11.85%。南非税务局（SARS）对加密货币交易征收所得税，其中，长期投资的资本利得税税率为 18%，一般所得税税率为 18%~45%。

从实践看，南非也面临加密货币欺诈等问题带来的挑战。2018—2021年，南非 Mirror Trading International Proprietary（MTI）公司的创始人兼首席执行官科尼利厄斯·约翰内斯·斯坦伯格（Cornelius Johannes Steynberg）骗取了世界各地投资者 29421 个比特币，到 2021 年 3 月其价值超过 17 亿美元。该案涉及美国、加拿大、纳米比亚和南非等国投资者。斯坦伯格最后被处以合计超过 34 亿美元的赔偿和罚款。2021 年 6 月，南非加密货币

---

① 根据联合国非洲经济委员会（UNECA）数据。

投资公司 AfriCrypt 的创始人 Ameer Cajee 和 Raees Cajee 与 6.9 万个比特币一起失踪，总价值约 36 亿美元。此前，两名犯罪嫌疑人曾以高回报吸引大量投资者。

2021 年 6 月，南非储备银行规定，个人不得直接通过跨境或外汇转账购买加密资产，只能通过授权交易商从国外购买最多 7 万美元的加密货币。2022 年 10 月，南非金融市场行为监管局（FSCA）将加密货币资产纳入金融产品监管范畴，要求加密货币交易所持证经营，加强对纳税人加密货币持有和交易活动的审计，向交易所索取平台用户及交易信息；并通过金融情报中心（FIA）监控加密货币洗钱、逃税和恐怖主义融资等行为。

5. 其他新兴市场国家

（1）阿根廷

2021 年 8 月 12 日，时任阿根廷总统 Alberto Fernandez 在接受采访时，对 CBDC 持开放态度。2022 年，阿根廷第 207/2022 号法令授权阿根廷铸币厂参与数字货币的调查、开发和发行，并创立数字货币的中央交易机构。但从实际进展看，尚未见到有关阿根廷央行数字货币项目的试验或试点情况的报道。

阿根廷长期面临高通胀压力以及外汇短缺导致的资本管制，公众对私人加密货币的需求量大，加密货币的使用量快速增长。美国区块链数据平台 Chainalysis 统计发现，2021 年 7 月至 2022 年 6 月期间阿根廷加密货币转账额高达 930 亿美元。阿根廷加密货币交易的活跃程度在南美洲仅次于巴西。受高通胀驱动，在加密货币价格暴跌情况下，拉美地区加密货币交易量不降反增。根据 Americas Market Intelligence 2022 年 4 月发布的调查数据，约 51% 的阿根廷消费者购买了加密货币，而 2021 年底这一数字仅为 12%。

对加密货币交易，阿根廷政府采取严格管理措施。2020 年 5 月，阿根廷金融信息部（FIU）下令对比特币交易和其他加密货币交易实行更严格的监控，要求银行、信用卡公司、交易所等机构保持警惕，报告

"可疑"活动，以禁止洗钱和其他非法活动。2021年5月，阿根廷央行（BCRA）禁止私人银行为不受监管的数字资产提供服务，但阿根廷民众仍能在当地交易所交易加密货币。2022年，加密货币交易所币安和万事达（MasterCard）在阿根廷联合推出"币安卡"，并在2023年4月允许币安用户将阿根廷比索兑换成加密货币。在2022年3月阿根廷政府与IMF达成的450亿美元债务协议中，包含禁止使用加密货币以防止洗钱等活动的条款。

不过，由于民间加密货币交易需求量大，阿根廷面临的加密货币交易欺诈、洗钱等挑战具有长期性，例如，加密货币投资公司的庞氏骗局、克隆银行页面进行洗钱等。

（2）沙特阿拉伯

沙特阿拉伯的央行数字货币项目处于试验阶段。2019年，沙特阿拉伯央行（SAMA）启动CBDC试验"Aber项目"并取得成功。这是与阿联酋央行（CBUAE）合作开展的研究项目，目的是在"概念验证"的框架内，研究分布式账本技术是否有助于无缝跨境支付。该计划旨在验证、研究、理解和评估为央行发行数字货币（批发CBDC）的可行性，以期开发跨境支付系统，减少银行之间的转账时间和成本。此外，该计划还试验了直接使用和实际应用区块链和分布式账本等技术。批发型CBDC由沙特阿拉伯央行和阿联酋央行发行，作为沙特阿拉伯和阿联酋两国国内和跨境商业银行交易的结算单位，由参与试验的银行使用。一年多的试验表明，分布式账本技术使央行能够在本地和跨境层面开发支付系统。

沙特阿拉伯的央行数字货币试验项目旨在深入了解分布式账本技术并分析其成熟程度，探索基于分布式账本技术的跨境支付替代方案，以找到解决现有跨境支付低效率问题的银行间支付方案[①]。试验中，两家央行双重发行中央银行数字货币，试验结果与其他央行的调查结果进行比较。探

① https://www.cbdcinsider.com/wp-content/uploads/2020/11/1606647821071.pdf.

索跨境结算的具体试验分三类：一是在两家中央银行之间；二是在每个国家的 3 家商业银行之间；三是在使用数字货币的商业银行之间。该试验项目确认了跨境双重发行央行数字货币在技术上是可行的，且可以设计分布式支付系统，对两国改进集中支付系统结构具有重要意义。保护隐私、去中心化等关键复杂要求都得到了满足。此外，围绕缓解经济风险要求，中央银行货币供应的可见性和已发行货币的可追溯性也得到满足。这些超出了预期的绩效目标，证明分布式账本技术可以提供高水平服务且不损害安全或隐私，由此确认了分布式账本技术作为国内和跨境结算技术的可行性，确认了由两国央行双重发行单一数字货币的技术可行性。该项目还进一步指出，如果采用单一数字货币模式，关键是要了解其对参与国货币政策的影响。

目前，沙特阿拉伯央行正与其他金融机构和科技公司合作，对央行数字货币开展测试，以保障隐私和金融安全。同时，沙特阿拉伯央行在数字货币支付解决方案的经济影响、市场准备情况及快速推广应用等方面开展研究，并探讨研究政策和法律监管方面的问题。沙特阿拉伯央行称，本地银行机构和支付科技公司是该项目实施的基石，其他市场主体和第三方咨询技术服务商的共同参与有助于更好地探索数字货币功能并测试各种设计方案。

在私人数字货币监管方面，2018 年 8 月，沙特阿拉伯金融管理局① 向公众发出警告，虚拟货币交易具有高风险和负面后果，未授权任何实体从事加密货币有关业务，加密货币交易属违法行为，不受国家法律保护。

（3）墨西哥

根据墨西哥政府 2021 年 12 月披露的信息，墨西哥央行计划到 2024 年发行央行数字货币②，新技术和下一代支付基础设施将有助于促进墨西哥普惠金融发展。CBDC 是纸币的数字版本，设计方式与现金相同，并由中

---

① 2020 年改名为沙特阿拉伯央行。
② 截至本书出版，墨西哥央行仍未发行央行数字货币。

央银行支持发行。墨西哥央行强调，发行数字货币追求以下目标：一是为有银行账户或无银行账户的人开立账户，为普惠金融发展做出贡献；二是拓展快速、安全、高效和支持交互操作的支付系统，促进经济发展；三是使公众拥有多功能资产，完善自动化机制，促进创新。为此，墨西哥央行将发展全天候运营、即时支付、高可用性、流程标准化的支付系统，加强风险管理和提高网络韧性。

针对数字货币实施过程，墨西哥央行考虑将其分为三个阶段。第一个阶段，诉诸 CoDi 生态系统，允许仅显示受益人数据的传输（如手机号码和临时维护余额），以支持无银行账户的用户。第二个阶段，此功能演变为代币化的支付订单方案，随后可以赎回转账。第三个阶段，考虑建立直接或间接有利于中央银行用户的数字货币登记处。墨西哥央行强调数字支付有助于促进更大金融包容性，央行数字货币因此成为有力工具。

墨西哥对私人数字货币的应用需求较大。根据美国人口普查局 2020年数据，美国 6210 万西班牙裔人口中墨西哥人占 61.6%。根据世界银行数据，墨西哥是世界第二大汇款接收国，其中 94.9% 的汇款额来自美国。仅 2022 年 7 月汇款流入就达 53 亿美元，同比增长 16.5%。但传统的汇款方式会收取高额转账手续费，如 Xoom 每笔汇款收取 4% 的交易费。而加密货币转账手续费低廉，这种格局使墨西哥吸引各类比特币交易所前往开展业务。很多加密金融服务公司只收取 0.05% ～ 0.5% 的费用。2018 年 9月，墨西哥政府颁布加密货币法规，由墨西哥央行来决定具体加密货币合法性，金融科技公司必须经墨西哥央行批准后才能经营加密货币业务。2019 年 9 月至 2020 年 5 月，墨西哥加密货币交易所 Bitso 的交易量增长342%，用户数超过 100 万人，其中 92% 是墨西哥本土用户。但 2021 年6 月，墨西哥央行、财政部（SHCP）和国家银行与证券委员会（CNBV）联合发表声明，强调加密货币不是法定货币，是波动性和投机性资产，仅可以用于交易；禁止在墨西哥的金融系统中使用加密货币，否则将受到制裁，并强调这一禁令在近期不会改变。2021 年 8 月，墨西哥金融服务监管机构曝光了 12 家非法运营的数字货币交易所，指控这些交易所未依法注册，存在洗钱和恐怖主义融资风险，它们将面临刑事追究和财务处罚。2019 年 9 月，墨西哥政府要求交易所对其所有客户进行广泛 KYC 验证。2020 年，墨西哥政府要求交易所报告所有价值超过 57804 墨西哥比索（约合 2896 美元）数字货币交易。2023 年 3 月，拉丁美洲大型加密货币交易平台 TruBit 接通墨西哥法定货币通道 SPEI，墨西哥用户可以通过银行转账买卖加密货币。

（4）菲律宾

自 2019 年 3 月起，时任菲律宾央行行长迪奥克诺（Benjamin Dionko）一直倡导数字化，目标是到 2023 年将 50% 的金融服务和流程数字化，同时确保超过 70% 的菲律宾民众拥有银行账户。菲律宾央行在 2020 年 7 月披露，已成立专门委员会研究数字货币发行问题。2022 年 4 月，Benjamin Dionko 披露将通过 CBDCPh 项目试验批发型 CBDC，旨在全面展望 CBDC 对菲律宾金融体系的潜在影响。试点项目将在有限数量的金融机构中测试利用 CBDC 进行大规模金融交易，运行模式为全天候运行，在此基础上确定批发 CBDC 项目中长期路线图，完善菲律宾的支付系统，解决当前国家支付系统在安全性、效率和可靠性方面的问题。菲律宾央行也认为，CBDC 应该替代高波动性的私人加密货币，但也承认在短期内，由于大多数人仍严重依赖现金支付方式，菲律宾不太可能发行自己的 CBDC。同时，菲律宾央行也意识到技术基础设施的重要性，货币当局和监管机构需要建立有效的风险管理机制，以具备发行 CBDC 的技术能力。与零售型 CBDC 不同，批发型 CBDC 仅限于在银行和其他金融机构之间使用。菲律宾相关研究重点针对批发型 CBDC 的原因在于，数字支付比例在零售交易中的比例快速增长。例如，2020 年零售交易中数字支付比例为 20.1%，比 2018 年的 10% 翻了一番，推出零售型 CBDC 带来的好处有限。

菲律宾私人数字货币应用较广。菲律宾是劳动力输出大国。根据菲律宾央行数据，2021年菲律宾的海外劳工外汇汇入达314亿美元。而菲律宾通胀波动性大，2023年1月通胀指数达8.7%。这推动了菲律宾对加密货币的需求增长。比特币从2017年开始在菲律宾流行。菲律宾央行于2017年2月发布第944号通知，对加密货币实施监管，要求加密货币兑换机构在央行登记为汇款和转账公司。随着加密货币在菲律宾快速流行，2021年初菲律宾已出现了超过4000种加密资产。菲律宾加密货币骗局层出不穷，出现了通过虚假加密货币投资网站和数字钱包骗取钱财、以恋爱为由诱导虚假投资诈骗、炒作无法维持价值的游戏币骗取钱财等现象。菲律宾法律把加密货币认定为证券。菲律宾证券交易委员会于2023年1月提出与金融产品和服务相关的草案，将加密货币纳入其管辖范围，加强对加密货币行业监管。此前，菲律宾证券交易委员会向公众发出警告，反对公众参与未注册的加密货币交易所业务，因为这些交易所产品具有高风险特征，有的甚至具有欺诈性。此外，菲律宾证券交易委员会还采取以下措施。一是针对欺诈公司发出警告。定期向公众发布存在欺诈活动的公司信息，并通过社交媒体传播。二是要求合法注册公司。未经注册不得在菲律宾境内开展加密货币业务。除了在菲律宾证券交易委员会注册，还要在菲律宾国税局（BIR）、菲律宾贸易和工业部（DTI）等部门注册。三是通过颁布停止令（CDO）暂时或永久禁止存在非法运营或欺诈的公司运营。四是对未注册公司提出刑事指控。五是授权招揽投资。菲律宾证券交易委员会网站将列出允许出售投资产品的公司名单。

（5）土耳其

2021年9月，土耳其央行（CBRT）宣布考虑创建CBDC以完善现有的支付基础设施，该项目名为"中央银行数字土耳其里拉研发"。数字土耳其里拉系统将与数字身份和FAST集成[①]。土耳其央行将与其他银行合作，对即将发行的CBDC进行研发工作和测试。为此，土耳其央行邀请十位数

---

① FAST是由土耳其央行运营的支付系统。

字资产专家加入金融创新总局，研究内容涵盖区块链、大数据、密码学、虚拟化、金融数学和信号处理。

根据 2022 年 10 月土耳其总统战略和预算办公室提交给总统的 2023 年度计划，土耳其政府计划在 2023 年推出 CBDC。具体由土耳其央行与财政部、科技研究机构等在 2023 年实施基于区块链的 CBDC。2022 年 10 月，土耳其央行披露已使用 CBDC 完成首次支付交易测试，2023 年第一季度继续与技术利益相关者开展有限闭路试点，测试分布式账本技术在支付系统中的应用，整合该国的数字身份系统和土耳其央行的 FAST 即时支付服务。2023 年测试范围已扩大到特定银行和金融科技公司。土耳其央行于 2023 年 4 月宣布，已创建数字里拉协作平台，对数字货币的潜在好处进行深入研究。其中包括通过跨境 CBDC 简化跨境交易，并覆盖占土耳其人口数量 40% 的无银行账户人口。同时，土耳其央行正在研究针对数字土耳其里拉的法律框架及技术要求。

在私人数字货币方面，土耳其通胀率长期超过 10%，2022 年 10 月通胀率高达 85.5%，公众通过投资加密货币以及将土耳其里拉兑换成美元、欧元或黄金来抵御通胀。德国数据公司 Statista 的 2019 年在线调查显示，五分之一的土耳其人表示他们曾使用或拥有加密货币。据土耳其加密货币交易所 Paribu 的 2021 年 7 月调查报告，土耳其的加密货币用户群同比增长超过 11 倍，潜藏欺诈交易等风险。2021 年 4 月，土耳其最大的加密货币交易所 Thodex 倒闭，该平台创始人 Faruk Fatih Özer 涉嫌诈骗 20 亿美元。随后土耳其政府出台两份文件，涉及反洗钱、反恐怖主义融资 [1] 以及禁止将加密资产用于支付 [2]。土耳其官方认为加密资产不受监管约束，价格过度波动，且可能被用于非法行为，因此从 2021 年 4 月 30 日起，禁止使用加密货币支付，并禁止电子银行为加密货币平台转账。此外，土耳其金融犯

---

[1] 该文件英文名为 *Regulation on Measures Regarding Prevention of Laundering Proceeds of Crime and Financing of Terrorism*。

[2] 该文件英文名为 *Regulation on The Disuse of Crypto Assets in Payments*。

罪调查委员会（MASAK）要求加密资产服务商识别客户、提供可疑交易报告、提供业务信息和文件，要求提供持续信息、保存相关信息，并于 2022 年 2 月初处罚了 4 家服务商 [①]，理由是没有尽到上述报告义务。

（6）印度尼西亚

为推进央行数字货币应用，印度尼西亚实施了鹰航项目（Project Garuda）计划，探索 CBDC 的最佳模式，把发行数字印尼盾作为捍卫金融主权的途径。项目旨在促进印度尼西亚央行数字化转型，加快印度尼西亚数字经济与金融的融合，通过 2025 年印尼支付系统蓝图（BSPI 2025）和 2025 年货币市场发展蓝图（BPPU 2025），促进经济和金融共同实现端到端一体化目标。

印度尼西亚银行于 2022 年 11 月 30 日发布了数字印尼盾白皮书，阐述了鹰航项目的数字印尼盾设计，并就数字印尼盾的发展计划与公众沟通。重点包括数字印尼盾的端到端集成设计配置、刺激新商业模式功能、技术架构，以及监管和政策支持。数字印尼盾设计的具体目标包括：一是作为印度尼西亚数字法定货币，成为纸币和硬币的补充品；二是作为印度尼西亚在数字时代履行其使命的核心工具；三是作为支持国家金融体系发展和国家数字经济与金融融合的首要因素。数字印尼盾的开发包括三个阶段：即时阶段、中间阶段和最后阶段。每个阶段包括公众咨询、技术试验（概念验证、原型设计和试点／沙盒）、政策立场审查等环节。最后阶段将处理批发和零售数字印尼盾用户之间端到端交易。从印度尼西亚央行立场看，数字印尼盾有助于在数字化时代维护印度尼西亚货币主权，促进数字经济和金融一体化，发展普惠金融。但在向公众发行 CBDC 之前，仍需进行充分试验和论证，以适应本国国情和政策背景。

印度尼西亚央行不承认加密货币为法定货币，而印度尼西亚商品期货交易监管局（CoFTRA）把加密资产认定为商品，印度尼西亚税务部门对

[①] 包括加密货币交易平台 Bitci Teknoloji AŞ、Icrypex Bilişim AŞ、Paribu Teknoloji AŞ 和 Eliptik Yazilimve Ticaret AŞ（BTC Türk）。

其征收商品交易的增值税和所得税。资本收益的所得税税率为交易总额的0.1%，从 2022 年 5 月 1 日起实施。

（7）巴基斯坦

巴基斯坦确定了到 2025 年发行央行数字货币的目标。巴基斯坦央行（SBP）签署电子货币机构（Electronic Money Institutions，EMI）新规则，要求电子货币机构披露其反洗钱协议、反恐怖主义融资措施、消费者保障及执法机构监督管理等方面信息。这一工作得到世界银行支持。规则生效后，巴基斯坦央行将向 EMI 颁发 CBDC 发行许可证，以借助 EMI 促进数字经济发展，使金融机构免受网络安全威胁。

巴基斯坦人口达 2.31 亿人。2019—2021 年的通胀率为 9.5% ~ 10.5%，2023 年 5 月通胀率达 38%。民间存在加密货币投资需求，一些海外巴基斯坦劳工也通过加密货币汇款。2018 年，巴基斯坦央行警告公众不要使用加密货币向境外转移资金，否则将面临起诉，并要求银行及支付机构避免为加密货币交易提供便利。从实际情况看，民间加密货币交易仍然活跃。2022 年初，据巴基斯坦工商联合会报告估计，公众持有的加密货币价值达200 亿美元。加密货币诈骗案负面影响较大。例如，2021 年 12 月巴基斯坦联邦调查局查获一起诈骗案，犯罪嫌疑人误导投资者将资金从币安钱包发送到未知的第三方钱包，涉案总金额接近 1 亿美元。

从发展趋势看，巴基斯坦官方对加密货币的监管态度进一步趋严，巴基斯坦央行认为使用加密货币的风险大于收益。除了欺诈问题频发，还与全球洗钱和恐怖主义融资监督机构反洗钱金融行动特别工作组（FATF）要求有关。巴基斯坦财政部排除了加密货币合法化的可能性。

（8）尼日利亚

尼日利亚于 2021 年 10 月 25 日正式推出央行数字货币"eNaira"。eNaira 是尼日利亚央行的负债，使用区块链技术存储在数字钱包中，可用于支付交易，但访问权限受尼日利亚央行严格控制。从尼日利亚央行角度看，eNaira 主要优势包括以下几点。一是有助于提高金融服务包容性，促进普惠金融发展。eNaira 钱包最终将覆盖所有手机用户，包括没有银行账户的用户。这类无银行账户的成年手机用户约有 3800 万人，占尼日利亚全部成年人口的 36%。二是为汇款提供便利。尼日利亚是撒哈拉以南非洲主要汇款目的地之一，2019 年的汇款收入达 24 亿美元，通过国际汇款运营商汇款的费率为 1%～5%。eNaira 可实现钱包之间免费转账，有助于降低汇款转账费用。实行公平的外汇市场统一清算汇率，有助于鼓励用户通过 eNaira 钱包发送汇款。三是缩小非正规经济规模。尼日利亚的非正规经济规模超过 GDP 的 50% 和就业市场的 80%。eNaira 为非正规支付带来更高透明度，并加强税基。eNaira 能促进普惠金融发展，有助于促进消费。

客观而言，eNaira 对货币政策实施、网络安全、运营韧性、金融稳定形成潜在风险。例如，eNaira 存储在数字钱包属于在央行存款，会相应减少商业银行存款。在数字技术领域还需要管理网络安全和操作风险。对此，尼日利亚央行采取了相应措施。一是限制从银行存款到 eNaira 钱包的资金额度。通过使用分层身份验证系统进行反洗钱，对验证少的用户进行严格控制。有手机但没有身份证号码的人会受到更严格的交易和余额限制。符合最高身份验证标准的钱包持有者个人，其钱包最高限额为 500 万奈拉（约 8210 美元），商家没有最高限额。二是定期进行 IT 安全评估，应对网络安全风险。

从实际应用效果看，eNaira 与预期仍有差距。到 2023 年 4 月，经过一年多推广应用，eNaira 实际应用量很少，奈拉纸币则供不应求。原因在于，eNaira 内置的反洗钱措施使政府能够监控用户的所有资金，并可能使用该信息进行控制，这可能被用户视为侵犯隐私。实际使用量少，说明多数尼日利亚人仍然对 eNaira 区块链持谨慎态度，表现为拒绝使用。有报道估计，2022 年 12 月 eNaira 使用占比不到 0.5%[①]。

---

① Nigeria Limits Cash Withdrawals to $45 per Day in CBDC, Digital Banking Push – Decrypt.

尼日利亚互联网普及率为 46.6%，加密货币市场发展迅速。2021 年 2 月，Statista 调查表明，约三分之一尼日利亚人使用或拥有加密货币，这一比例位居全球前列。尼日利亚希望 eNaira 能替代加密货币。早在 2021 年 2 月初，尼日利亚央行就宣布禁止通过尼日利亚的商业银行或其他金融机构买卖加密货币，理由是加密货币具有匿名性、模糊性和隐蔽性，可用于多种非法活动，包括洗钱、恐怖主义融资、购买小武器及逃税等。从实际情况看，私人加密货币交易仍然快速发展。2022 年，尼日利亚证券交易委员会发布数字资产监管规则，涉及数字资产发行平台（DAOP）、数字资产托管人（DAC）、虚拟资产服务提供商（VASP）和数字资产交易所（DAX）等。该规则要求加密货币发行人向该委员会注册其数字资产，提交初步评估文件，证明其发行的资产是证券；从事区块链和数字资产服务的个人或公司要向证券交易委员会注册，遵守监管相关规则；服务机构须获得虚拟资产服务提供商（VASP）许可证，并采用反洗钱 / 打击资助恐怖主义（AML/CFT）标准。2023 年 6 月，尼日利亚监管机构责令全球最大的加密货币交易所币安停止在该国的业务，原因是该公司通过网站非法吸引尼日利亚投资者，既没有注册，也未在监管下运营。从发展趋势看，尼日利亚对私人加密货币的态度转向接受并纳入监管范围。2023 年 5 月，尼日利亚总统签署了《2023 年金融法》。该法旨在提高财政透明度、促进创收和促进经济增长。由于加密货币等数字资产的重要性日益突出，该法将其纳入税收范围，对处置数字资产（包括加密货币）的收益征收 10% 的税款。

（9）孟加拉国

2022 年 4 月，根据孟加拉国数字支付规模化评估报告《衡量规模进展：孟加拉国负责任的数字支付》[①]，孟加拉国政府提出应用创新技术三年

---

① Measuring Progress to Scale Responsible Digital Payments in Bangladesh.

战略，即"2022—2025 年国家数字支付路线图"（以下简称路线图）[①]。该战略以《联合国负责任数字支付原则》为基础，提出基本驱动因素，包括环境、基础设施、流程、政策和行动，旨在改变支付生态系统并实现可持续发展目标（SDG）。路线图基于孟加拉国政府"渴望创新"（a2i）计划以及联合国的非现金优先联盟，整合政府、社会组织和私营公司，加速公共和私营部门之间合作，促进现金支付向电子支付过渡。根据上述评估报告，数字支付能促使孟加拉国年度 GDP 增长 1.7%，增长主要来自零售业微型商户交易的数字化，以及农业部门的信贷支付数字化、成衣（RMG）部门工资的大规模数字化。路线图分三个阶段，在三年内建立孟加拉国数字支付生态系统，发展一个开放、包容和以用户为中心的生态系统，促进国家数字化。a2i 计划将跟踪和监控数字支付增长，由央行或支付监管机构管理，把数字身份证作为应对智能手机和互联网普及率不高问题的有效方式，允许金融机构协作创新商业模式和重点产品。孟加拉国央行（Bangladesh Bank）2019 年设立的监管创新办公室，已在测试监管沙盒。

基于路线图的思路，包括数字支付在内的干预措施和解决方案会引发基层变革，促进孟加拉国实现可持续发展目标。例如，农业信用评分解决方案为缺乏数字跟踪和正式财务报告的农民提供农业信贷支持。帮助识别社会安全网受益人，使之获得政府福利。引入跨境汇款平台，将使国际汇款成本合理化，改善移民家庭收入。

2022 年 6 月，时任孟加拉国财政部部长披露，该国 2022—2023 财年预算安排孟加拉国央行研究引入央行数字货币替代高风险私人加密货币，促进虚拟交易，推动创业企业和电子商务发展，适应孟加拉国互联网化和数字化发展趋势。

孟加拉国央行于 2017 年 12 月要求所有人不参与私人加密货币交易，

[①]　https://btca-production-site.s3.amazonaws.com/document_files/9/document_files/Bangladesh_National_Digital_Payments_Roadmap_2022-2025.pdf.

并于 2021 年 7 月再次重申这一要求。但在法律责任认定上，孟加拉国央行通知刑事调查部（CID），拥有加密货币或进行交易不是刑事犯罪。

（10）埃及

2021 年 4 月，埃及央行（CBE）允许银行发行受监管的电子货币，前提是移动支付服务中的每枚硬币等于一埃及镑，且银行拥有不低于电子单位价值的埃及镑存款。电子货币的发行主体仅限于其监管范围内的银行，并需事先得到埃及央行批准。获授权银行运行一个管理电子货币记录的系统，该系统显示发行货币的价值、系统用户和服务提供商，并监控电子货币的支付订单以及支付订单的详细报告，并进行跟踪审计。这些电子货币存储在电子设备或媒体上，除发行银行外，其他个人或实体也接受其作为支付方式，可兑换成现金，但银行客户不能使用高风险的私人加密货币。

2023 年 1 月，埃及央行披露正在研究应用中央银行数字货币。由埃及央行牵头，国家相关部委成立了内部和外部工作委员会，与多家国际机构合作研究 CBDC 的使用问题，并取得进展。其中最重要的是在线核身技术（eKYC）的电子客户识别系统，其旨在通过为金融服务用户提供安全的电子手段，创建一个电子财务身份，以电子方式验证客户数据，以数字方式开设银行账户，无须访问银行柜台，具有简单、快速、安全的特点，能对新客户产生积极影响。埃及央行正在与埃及信用局合作，通过移动钱包启动数字储蓄和贷款项目，根据客户信用行为提供全天候实时电子贷款。这些有助于提升金融服务普惠性。同时，埃及央行针对监管和立法问题，正在制定数字银行业务的监管框架。

2018 年，埃及伊斯兰立法系统发布宗教法令，禁止比特币交易，原因是加密货币可能损害国家安全和中央金融体系，并用来资助恐怖主义和恐怖活动。埃及央行对加密货币交易发出高风险警告，声明只能用官方货币进行交易。2021 年 3 月，埃及央行重申 2020 年第 194 号关于中央银行与银行系统的规章，即禁止发行、交易、推广私人加密货币。这些货币存在高风险，价格不稳定，具有极端波动性，缺乏有形实物资产，缺乏官方货币拥有的政府担保支持。

（11）越南

越南于 2021 年 6 月通过了《面向 2030 年电子政府的 2021—2025 年数字政府发展战略》（*E-Government Development Strategy Towards Digital Government in the Period of* 2021—2025 *Orientation to* 2030），发展无现金支付是解决方案之一，旨在借助央行数字货币透明度高、可验证和安全性高提高支付系统的可靠性、安全性，降低风险，促使越南银行系统推进数字化转型。2021 年 7 月，越南总理范明政要求越南央行于 2021 年至 2023 年基于区块链探索 CBDC。具体而言，越南考虑在区块链上建立 CBDC，形成金融科技监管沙盒，包括数字货币试点。

越南政府不承认私人加密货币为法定货币，禁止用私人加密货币进行支付，但允许公众持有和交易加密货币。越南是应用加密货币较多的国家之一。据 Statista 于 2022 年 11 月发布的调查报告，34% 的 18~34 岁越南人拥有加密货币，36% 的 35~54 岁越南人拥有加密货币。2021—2022 年，越南在 Chainalysis 全球加密采用指数中排名第一，没有加密货币税是这一现象的重要推动因素。此外，世界银行估计，越南 61% 的人口居住在农村地区，而农村地区人口获得正规金融服务的难度相对要大一些。Statista 在 2021 年的调查表明，越南 69% 的公民无法获得正规的银行服务。加密货币网络迅速填补了这一空白。侨民汇入外汇也是重要推动因素，2021 年境外汇款流入超过 18 亿美元，而传统汇款渠道的费率达 7%，加密货币转账成为重要替代选项。这些因素促使加密货币在越南得到大规模应用。

越南的加密货币犯罪形式多样。一是盗窃。2020 年，越南官方起诉了 16 名加密货币盗窃案的嫌疑人，涉案金额达 35 亿越南盾，罪名是"盗窃财产"。二是投资诈骗。犯罪嫌疑人利用加密货币投资高回报承诺骗取钱财。例如，OneLink Ponzi 欺骗了包括越南公民在内的全球数千名投资者，挪用了数百万美元现金和加密货币。三是利用加密货币进行赌博。此外，加密货币破产后，价值几乎清零，也给投资者造成损失。

2017 年 10 月，越南央行宣布，根据法律规定，比特币和其他类似加密货币支付都不合法，禁止在越南发行、提供、使用比特币以及类似加密货币作为支付工具。发行、提供或使用加密货币都将受到 1.5 亿~2 亿越南盾的行政处罚，并被追究刑事责任。根据修订后的刑法，发行、提供或使用加密货币造成损失达 1 亿~3 亿越南盾，将面临 0.5 亿~3 亿越南盾处罚，或判处半年至 3 年监禁。2022 年，越南副总理黎明凯（Le Minh Khai）派财政部、司法部以及信息和通信部进行前期调查，与中央银行合作制定私人数字货币的监管框架，其中包括专门针对私人数字货币的法律框架。

（12）伊朗

2017 年 10 月，伊朗时任信息和通信技术部副部长披露，伊朗邮政银行正在开发一种本地加密货币，该货币将很快由信息和通信技术部进行测试。

2021 年 11 月，伊朗央行（CBI）宣布将试行数字货币并修改央行法律以涵盖加密货币内容。伊朗 CBDC 原型使用国际商业机器公司（IBM）的超级账本（Hyperledger Fabric）平台设计，受政治因素影响，下一步将在 Hyperledger Fabric 平台上重新发展。随着伊朗核协议谈判陷入僵局，时任美国总统拜登不愿减免制裁，故发展 CBDC 有助于规避美国制裁。伊朗央行的数字货币预试点于 2022 年 1 月启动。监管机构于 2022 年 9 月推出数字货币试点，旨在提高金融包容性，并与全球稳定币竞争。2023 年 3 月，伊朗央行货币和银行研究所（MBRI）披露，伊朗央行已经完成 CBDC 预试点工作，完成了未来引入数字里亚尔的必要研究。伊朗央行支付系统监管办公室负责人耶克塔（Mohammad Reza Mani Yekta）披露，伊朗央行计划扩大 CBDC 试点范围，但不急于实施。数字里亚尔将面向个人和银行发行，CBDC 基础设施将重新创建一些区块链功能。伊朗已有 10 家银行申请加入数字里亚尔项目。预计伊朗的所有银行和信贷机构都将开始提供电子钱包，以使用即将推出的数字货币。

伊朗对私人数字货币的态度由禁止转为允许有限使用。2018 年，因涉及洗钱和恐怖主义融资问题，伊朗禁止交易和拥有加密货币，禁止金融机构如银行、信贷机构和货币兑换所处理加密货币或以任何方式推广加密货币。2019 年，伊朗政府为应对制裁撤销了这一禁令，允许持有加密货币和进行加密货币采矿，但仍禁止使用加密货币作为支付工具，并限制持有加密货币数量。伊朗政府已评估了加密货币相关问题，批准一项加密货币法规，涉及使用燃料和电力进行加密货币采矿及授权使用加密货币。加密货币可用于支付进口费用，包括进口汽车等。

专题四

国际组织促进央行数字货币国际合作的
进展及对私人数字货币的监管建议

　　主要国际组织对各国央行数字货币持积极态度，通过提供技术援助，定期开展调查并共享信息和最佳实践经验，建立数字货币平台，发布政策文件等方式，促进各国央行发展数字货币和相关领域合作。目前，国际组织在推动央行数字货币的国际合作方面取得了一定进展。越来越多的央行积极研究和试验数字货币，以探索其在提升金融服务可及性和增强金融包容性方面的潜力。与之相对的是，私人数字货币的快速发展和风险聚集也带来了诸多监管挑战。目前，各国对私人数字货币的监管标准不一，方式不同，对其潜在风险认识也存在差异。主要国际组织就全球加密资产和稳定币的影响开展了诸多工作，并通过建立全面的监管框架，加强对消费者保护和技术透明度的监管，提升国际合作水平，确保金融体系的稳定与安全，打击金融犯罪。同时，各国际组织也建议各国应根据自身的实际情况和市场特点，结合国际最佳实践，制定切实可行的监管政策。

一、国际组织对央行数字货币发展前景与问题的观点

（一）国际货币基金组织（IMF）

　　IMF 对各国央行数字货币建设十分支持，积极给予各国央行所需的技

术援助。IMF 在过去的几年里对 CBDC 进行了广泛的研究，并对其动态进行实时更新。

1. IMF 归纳 CBDC 的优劣势

（1）优势

一是 CBDC 可以降低支付系统的成本，增加其竞争力和韧性。相比于现金管理的高成本，CBDC 可以建立更高效的支付系统。这对拥有广阔土地或许多分布广泛的岛屿的国家十分重要。同时，通过提供低成本的替代方案，CBDC 可以帮助规范已经高度集中化的支付市场。CBDC 还可以通过建立替代的去中心化平台来提高支付系统的弹性。

二是 CBDC 可以增加金融的包容性。由于消费者拥有银行账户不是必要选项，对于"无银行账户"人口较多的国家，CBDC 可以帮助增强金融包容性。其提供了一个新的安全的储蓄场所，以及获得信贷的方式。

三是 CBDC 能改善支付环境，特别是跨境支付环境。CBDC 能降低支付行业新公司的进入壁垒，以降低行业集中度，增强竞争。CBDC 也可以更直接地进行跨境交易，缩短过程中的链条，提高跨境支付的效率。

四是从货币政策传导角度看，CBDC 可以强化货币政策的传导效应。CBDC 也能够成为降低私人数字货币风险的方式。

（2）劣势

一是银行的去中介化。如果消费者将资金从银行账户转移到 CBDC，会导致商业银行存款转移。银行为了吸收存款提高存款利率，利润被压缩。而高存款利率传导至贷款可能提高资金成本，并引发恶性循环。

二是央行面临潜在的声誉风险。作为央行资产负债表的一项，如果CBDC 需求很高，那么央行资产负债表也会相应扩表。此外，遇到危机时，CBDC 会增加央行需要向银行提供流动性的规模，央行会因此面临新的声誉风险。由于 CBDC 涉及经济活动的较多方面，任何领域发生风险，如网络攻击或人为错误，都可能对央行产生不利影响。

三是跨境使用 CBDC 会引发宏观金融风险。对于可跨境使用的储备货币国家的 CBDC，在高通胀和汇率波动的国家，货币替代（或"美元化"）风险可能会增加。

2. CBDC 的特点和影响

从 IMF 网站刊登各学者的工作论文可以看出，IMF 十分关注 CBDC 的问题、风险和潜在影响，特别是对央行的影响、对资本管制和腐败的影响等。对于 CBDC 的作用，其认为现金和银行存款将与电子货币抗衡。银行将感受到电子货币带来的压力，需要通过提供更具吸引力的服务或类似产品来做出回应，监管者也需要为此提前做好准备。而 CBDC 作为一种稳定币，将越来越受欢迎，央行将在塑造 CBDC 过程中发挥重要作用。解决方案之一是依据一定条件为 CBDC 选定中间商。这需要分析各种方式的优劣势、机会与风险。

目前各国 CBDC 相关法律并不完善，CBDC 的发行可能给央行带来法律、财务和声誉风险。法律框架设计取决于 CBDC 的特征。根据当前主要国家的实践，CBDC 的"货币"地位尚不十分明确，大多数央行法律目前未授权向公众发行 CBDC，而是通过中间商发行。CBDC 的法律问题给国家的基本法律政策带来了挑战，需要通过对法律的调整甚至改革来解决相应问题。

CBDC 对现金和银行卡的使用也会产生影响。CBDC 的发行会降低现金的使用频率，对银行卡的负面影响更加明显。主要发行 CBDC 的国家绝大多数都经历了现金使用频率下降的过程。这说明，越来越多的消费者偏好现金替代品，是未来零售型 CBDC 的主要需求方。

CBDC 促进金融包容性发展也是各经济体发行零售型 CBDC 的重要原因。如果一国没有银行账户的人口规模和相对财富值很大，去中介化风险低，CBDC 作为一种支付手段或信用建设对其有意义，可以增加整体贷款。即使社会总贷款减少，CBDC 仍然可以成为个人或家庭的选择。这是因为消费者可以从 CBDC 直接支付中获得便利。CBDC 也是一种相对安全的储蓄工具，可以减少信息不对称，降低市场的贷款利率。

3. 先行国家发行 CBDC 可借鉴的经验

2022 年，IMF 选择了 6 个试点 CBDC 的国家，对其经验、问题等进行了比较，提出了三方面经验。首先，发行 CBDC 的目的可能因国家和地区而异。在一些国家，发行 CBDC 的主要目的在于促进普惠金融，例如，对于一些岛屿国家而言，考虑到向分散在各个岛屿上的公民发放现金成本高昂且十分困难，它们需要数字化的支付手段。在其他国家，发行 CBDC 的目的是提高韧性——如果私营部门的方案失败，CBDC 将成为一种重要的备用系统。在另一些国家，私营部门服务提供商占据主导地位，研发 CBDC 的目的在于促进市场竞争。因此，中央银行应该根据具体的目标和需要，按照其具体国情量身设计 CBDC，这并不存在一个"放之四海而皆准"的模式。其次，金融稳定和隐私保护对于 CBDC 的设计至关重要。中央银行致力于最大限度地减少 CBDC 对金融稳定的影响，包括银行脱媒的风险。我们研究的国家提供的 CBDC 是不计息的，这使得 CBDC 方便使用，但从储蓄角度看，其吸引力不如传统的银行存款。在各国已启动的 CBDC 项目中，我们也看到了相关的持有金额限制——同样，这也是为了防止银行存款突然外流至 CBDC。另外，隐私保护也需要予以仔细考虑。现金交易方式的核心特征之一是私密性相对较高，为增加吸引力，CBDC 也需要提供一定的隐私保护，但过高的隐私保护可能会助长非法资金流动。解除这些担忧的一种方法是为 CBDC 设计"分层钱包"，这将在持有小额 CBDC 的情况下提供更高的匿名性。这样的设计也有助于促进普惠金融发展，因为在较低的数额门槛下，客户身份识别的要求可以简化。简言之，决策者必须在保护客户隐私、促进普惠金融发展和确保金融诚信之间寻找合理的平衡。最后，引入 CBDC 是一个复杂的过程，需要有合适的资源和能力。需进一步努力的领域包括新的法律框架、新的监管法规、通过公私合作确保 CBDC 被成功引入以及构建 CBDC 的其他功能等。

（二）国际清算银行（BIS）

与 IMF 相比，BIS 主要侧重于实际应用方面的研究。同时，其每年对全球央行开展一次关于 CBDC 的调查，至今已经开展了 6 次。

1. BIS 对 CBDC 的主要观点

CBDC 应该成为中央银行在数字时代提供的通用支付手段。其设计应保护消费者隐私、维护现有金融体系。只有中央银行提供 CBDC 才能满足流动性和完整性的核心特征。CBDC 可以通过多数量的访问形成高效的新型数字支付系统，提供有力的数据治理和隐私标准。CBDC 可以促进私营部门中介机构之间的竞争，为安全和风险管理制定高标准，并作为支付方式创新的基础。CBDC 与非央行货币存在根本区别，CBDC 作为公共物品，其稳定性和私密性与私人加密资产和稳定币截然不同。新形式的数字货币可能会带来宏观经济和跨境支付方面的挑战。然而，现有金融方面的技术进步已经提高了新兴市场和发展中经济体的金融包容性和效率，为推出 CBDC 提供便利。此外，央行发行 CBDC 也需要利益相关者的共同参与，包括与立法者的合作，以处理与 CBDC 相关的法律问题。通过对典型国家 CBDC 的分析发现，大多数 CBDC 项目都来自具有高创新能力的数字化经济体，同时非正规经济规模相对较大。

根据零售型 CBDC 的实际应用情况，BIS 总结了六类消费者需求：类似现金的点对点可用性、实时支付的便捷性、支付安全性、隐私性、广泛的可访问性以及在跨境支付中的易用性。发行零售型 CBDC 需要面对四个关键技术选择：跨境交易是批发还是零售，身份验证是账户式还是数字 Token 技术，是传统的中央控制数据库还是分布式分类账技术架构（DLT），运营架构是 CBDC 对中央银行的直接债权还是对中介的间接债权。

在 CBDC 对货币政策的影响方面，BIS 的工作论文认为 CBDC 的发行可能不会改变货币政策执行的基本机制，包括央行对公开市场操作的使用。CBDC 可以丰富央行货币政策工具箱，如允许加强政策利率变动对其他利率的传递，或解决利率的零利率下限（或更低的有效利率上限）。如果 CBDC 被设计成（或事实上成为）一种有吸引力的资产，CBDC 对货币政策传导和金融市场的影响将更为明显。CBDC 的设计选择会影响货币政策的传导，不同规模的银行对储备金利率（IOR）政策的反应不同。对于低存款准备金利率，大型银行对存款准备金利率的变化没有反应，导致存款准备金利率的变化对存款利率的传导性很弱。在这种情况下，CBDC 可以用于增大竞争压力，推动存款利率上升，改善货币政策传导。

2. 全球央行 CBDC 调查

2023 年 7 月 10 日，BIS 发表了工作论文，详细介绍了 BIS 第六次 CBDC 调查的成果。结果显示，2022 年，参与各种类型的 CBDC 工作的中央银行比例进一步上升，达到 93%，它们对 CBDC 发行的不确定性正在减少。分类型来看，零售型 CBDC 的工作比批发型 CBDC 更深入：近四分之一的中央银行正在试行零售型 CBDC。超过 80% 的中央银行认为同时拥有零售型 CBDC 和快速支付系统具有潜在价值，主要是因为零售型 CBDC 具有特定的属性，并可能提供额外的功能。到 2030 年，可能会有 15 个零售型 CBDC 和 9 个批发型 CBDC 公开发行使用。超过 90% 的中央银行在设计概念验证、试点或推广 CBDC 时与其他利益相关者合作。新兴市场和发展中经济体（EM & DEs）以及发达经济体（AEs）的参与程度和所涉及的 CBDC 类型各不相同。大约 60% 的受访央行报告，它们已经加强了 CBDC 的工作，以应对加密资产的出现。

二、国际组织促进央行数字货币发展的实践与政策

（一）IMF

1. 为各国央行提供数字货币方面的技术援助

IMF 成员国对央行数字货币方面的技术援助需求急剧增加。截至

2023 年 2 月底，已有 40 多个国家向 IMF 提出了请求 ①。这些问题涉及范围较广，包括目标、设计选项、试点工作以及宏观金融影响分析等各个领域。IMF 已与近 30 个国家沟通协调，避免数字鸿沟。为确保数字货币（包括 CBDC）能够促进国内和国际经济金融稳定，IMF 于 2021 年提出了"数字货币战略"，通过密切监测关注数字货币发展，为所有成员国提供建议。

2. CBDC 手册

在为各成员国提供援助的基础上，为了总结新的经验教训、分析结论和政策观点，2024 年 4 月 IMF 发布了关于央行数字货币能力建设方法的政策文件——《中央银行数字货币手册》的大纲（以下简称《大纲》），旨在帮助各国央行和政策制定者应对这些挑战。《大纲》概述了一个多年期战略，以帮助 IMF 成员国应对央行数字货币的相关挑战，并提出了撰写一部央行数字货币手册的计划，涉及 CBDC 基本要求和准备情况，包括法律考虑、设计过程、技术方法和潜在的宏观金融影响等。同时，《大纲》提供了 IMF 将如何与成员国和其他国际组织合作的有关信息，以及关于央行数字货币知识与经验的汇编。《大纲》将成为相关能力建设工作的基础，有望帮助各国在设计、发行自身的央行数字货币中做出尽可能明智的决策。

3. CBDC 平台

为推进跨国汇款交易便利化，实现更具效率且公平的交易，有必要设立可连接不同国家、具有互操作性的系统。因此，IMF 正在开发 CBDC 专用的平台，推动传播"全球 CBDC 平台"的概念。IMF 希望各国央行同意数字货币的共同监管框架，以实现全球性的互操作性。目前，全球多国央行正处于探索 CBDC 的阶段，约 10 个央行已接近完成。IMF 建议各国拓展 CBDC 应用范围，以充分发挥数字货币的优势，节省大量汇款成本，让金融服务更普及。

---

① IMF 副总裁李波在 IMF 央行数字货币能力建设方法研讨会上的开幕致辞。

（二）BIS

1. BIS 针对跨境支付的调查

2021 年，基于对 50 家央行的调查，BIS 探讨了对 CBDC 跨境使用的初步思考。虽然对 CBDC 的研究大部分都聚焦一国境内，但研究者对跨境使用方面的关注也有所增加。根据调查结果，多数央行担忧游客和非居民在自己的管辖范围内使用 CBDC 可能给发行国和接受国带来风险，也对外国 CBDC 的货币替代十分担忧，特别是利用外国 CBDC 而引发避税和躲避监管的风险。多数央行积极考虑可用的工具，以限制本国货币可能被全球稳定币或外国 CBDC 取代的风险。在国外 CBDC、稳定币或加密货币普遍使用的情况下，一些央行可能会重新考虑它们对交易所限制的做法。多数央行同时考虑多种 CBDC 安排，探索在外汇兑换中扮演新的操作角色。有些央行甚至考虑在单一系统上运行多个 CBDC。

2. BIS 针对跨境支付技术的研究

BIS 在技术层面也开展了多项针对跨境支付方面的 CBDC 相关研究。一是关于 CBDC 跨境支付系统可访问性与互通性模式，BIS 的工作报告提出了若干 CBDC 系统互通性和可访问性模式，并根据五项标准对其进行评估。二是通过与以色列银行、挪威银行、瑞典央行的合作项目，探讨跨境零售央行数字货币支付的优劣势和实施路径。该项目同时测试了基于去中心化账本技术、处于概念验证阶段的 CBDC 进行跨境 / 跨货币交易的技术可行性，以确定央行在设计促进跨境支付的 CBDC 实施方案时需要考虑的关键技术、政策选择及权衡因素。三是探讨多个央行数字货币的通用系统在操作上的可行性，同时研究零售型 CBDC 和批发型 CBDC 的不同之处。

（三）巴塞尔委员会

2022 年，巴塞尔委员会就加密资产风险的审慎处理提出政策建议。巴塞尔委员会建议由其最终确定审慎标准，并发布了针对加密资产风险敞口的审慎监管原则。根据巴塞尔委员会制定的最终标准，银行需要将加密资产分为两组。第1组加密资产：完全满足分类条件的，包括代币化传统资产和具有有效稳定机制的加密资产。第1组加密资产须遵守基于现有巴塞尔框架中规定的基础风险权重的资本要求。第2组加密资产：不符合任何分类条件者。该资产具有更多和更高的风险，因此需要接受新规定的保守资本处理。除了不符合分类条件的代币化传统资产和稳定币外，第2组还包括所有无担保的加密资产。

三、国际组织对私人数字货币监管的实践与政策建议

（一）私人数字货币发展和潜在风险

近年来，全球加密资产发展较快。截至2021年底，加密资产的市值已达2.3万亿美元。各地区加密资产蓬勃发展。其中，私人数字货币作为一种新型货币，其应用的技术也日新月异，这些技术可推动各类数字货币不断创新发展，并提供定制式的金融服务。

然而快速发展的背后，也隐藏着风险。私人数字货币与其他金融工具的价格变动有关联，因此私人数字货币可能会放大金融市场的波动。在某些情况下，私人数字货币可能取代当地货币成为新的支付手段、贮藏手段和价值尺度。私人数字货币还可能被滥用于洗钱、恐怖主义融资和其他非法活动。IMF在其工作论文中详细论述了加密资产和腐败程度及资本管制具有相关性。根据各国最新加密资产使用数据，对其与国家腐败及资本管制程度的相关性进行分析发现，腐败控制较弱及资本开放程度较低的国家往往有更大比例的加密资产。因此，应对私人数字货币，特别是加密货币采取一定的监管措施，引导其发挥普惠金融的潜在优势。BIS则认为结构缺陷（如缺乏稳定的名义锚）使加密货币不适合作为货币体系的基础。与去中心化的说法相反，加密货币通常以不受监管的、构成潜在风险的中介

机构为依托发行。

（二）国际组织对私人数字货币的监管建议

主要国际组织，包括 IMF、BIS 和金融稳定理事会等支持并敦促各国加强对私人数字货币的监管。目前，各国对私人数字货币的监管标准不一，方式不同，对其潜在风险的认识也存在差异。部分国家对加密资产完全不干涉，另一些国家则采取了一定限制的牌照制度，还有一些国家完全禁止投资或使用私人数字货币。全世界正在对如何正确监管各类数字货币开展讨论和进行实践。IMF 等国际组织呼吁建立一个全面、一致、协调的全球监管框架。BIS 研究认为加密市场"影子金融"体系拥有与传统金融类似的风险，加密货币甚至将面临更大的不确定性。各国在监管上可能会采取不同（而非互斥）方式来应对加密货币风险。其提出全球监管机构需要调整监管规则以应对数字货币的负面影响。反洗钱金融行动特别工作组（FATF）提出将虚拟资产纳入反洗钱监管。BIS 对稳定币存在的潜在风险进行了结构性分析，提出了对其监管和相关准则的建议。监管机构应同时考虑稳定币用途的潜力，成为嵌入 DLT 应用程序中的数字货币工具，包括用于可编程货币或智能合约的数字货币工具。

七国集团稳定币工作组和金融稳定委员会就全球加密资产和稳定币的影响开展了研究工作，并各自发布了监管建议。这些机构认识到特别账户在改善全球跨境支付方面的潜在作用，并呼吁标准制定机构"根据需要，根据金融稳定委员会的报告并在审查其现有框架后，对标准和原则进行任何修订，或提供补充现有标准和原则的进一步指南，包括当局之间的合作、协调和信息共享"。基于以上工作，BIS 的支付与市场基础设施委员会（CPMI）和国际证监会组织（IOSCO）于 2022 年 7 月共同发布《金融市场基础设施原则在稳定币安排中的应用》，作为稳定币的监管指南。该指南强调，如果稳定币执行转移支付功能并且监管机构认为它对金融系统很重要，其应遵守金融市场基础设施原则（PFMI）。这些原则是金融市场基础设施的国际标准，各国将自行决定是否要将它们落实到位。未来，CPMI 和 IOSCO 将继续审查与稳定币发行相关的监管问题，并与其他标准制定机构进行协调。在适当的情况下，CPMI 和 IOSCO 将进一步审查与稳定币安排（SAs）相关的监管问题，并在必要和适当的情况下，与其他标准制定机构协调，以解决悬而未决的标准差距问题。

IMF 在其工作论文中阐述了对稳定币的监管建议，认为应为稳定币制定一个强大而全面的涵盖所有行为者的监管框架，包括密集的监测和有针对性的措施，以提供一个公平的竞争环境。在部分地区，稳定币发展较快，监管部门需要快速行动，加强监督，包括监测稳定币的新发展，管理相关数据，并确定相关的应对措施。监管应针对稳定币生态系统的主要参与者，包括发行人、钱包、交易所、网络供应商、治理机构和储备管理者。同时，由于许多加密货币在离岸金融中心流通，对稳定币的跨部门和跨境监管需要国内和国际双方协调与合作。与传统的金融活动相比，对稳定币的监管需要更多的跨境性和跨部门性合作，形成尽量一致的监管方法，防止监管套利。IMF 认为，需要调整现有的监管要求和监管框架，以覆盖稳定币或与其相关的机构组织的风险。

专题五

央行数字货币的国际合作实践

在经济数字化程度不断加深的背景下，货币形态正在发生革命性的变化。随着区块链等技术的进步，CBDC 快速发展，可能给国际货币体系带来技术冲击和制度调整的新空间。为推动 CBDC 有序发展、促进金融创新、降低 CBDC 对金融体系的冲击，由国际经济合作平台、国际金融组织、双边或多边合作构成的 CBDC 多层次国际合作体系逐步形成，在规则标准制定、技术研发等方面发挥引导作用。商业机构特别是区块链领域科技公司的技术研发较公共部门起步更早，是推动全球 CBDC 发展和促进 CBDC 国际合作的重要力量。中国在数字人民币研发方面起步较早，积极参与 CBDC 国际交流，在国际组织框架下参与法定数字货币标准制定，并落实 G20 等国际组织关于改善跨境支付的倡议，稳妥推进数字人民币的跨境使用。

一、全球央行数字货币多层次国际合作逐步形成

（一）主要国际经济合作平台关注 CBDC 议题

1. G7 是主要发达经济体开展 CBDC 合作的重要平台

受私人数字货币迅猛发展与新兴市场国家 CBDC 快速推进等因素的影

响，主要发达经济体对 CBDC 的态度发生明显转变，在加快 CBDC 研发工作的同时，也明显强化就 CBDC 规则标准制定的合作。G7 作为主要发达经济体国际合作的重要平台，近年来多次讨论 CBDC 议题并在 CBDC 治理原则方面形成初步共识。

2019 年，脸书宣布计划发布加密货币 Libra。G7 国家明确表示反对，认为类似于 Libra 的数字货币大范围发行，会威胁现有货币体系和全球金融稳定。在加强针对私人数字货币监管框架的合作外，G7 也高度关注 CBDC 议题。2020 年 10 月，G7 财长和央行行长会议发表声明，强调数字支付的广泛使用会带来金融稳定、消费者保护、隐私保护、税收、网络安全、反洗钱等方面的风险和挑战，公共机构要加强监管。该声明实质是针对加密货币和 CBDC 在跨境支付领域的潜在应用做出的。2021 年 10 月，G7 公开发布《零售型 CBDC 的公共政策原则》，共提出 13 项原则，涉及货币和金融稳定、法律和治理框架、数据隐私、溢出效应、跨境支付等。同时发布的 G7 财长和央行行长会议声明也指出将与相关组织和标准制定机构展开合作，深化对相关公共政策原则的分析与研究，确保 CBDC 建立在透明、法治、经济治理体系健全、网络安全和数据保护等基础上。2022 年 5 月，G7 财长和央行行长会议重点关注 CBDC 跨境使用，支持通过国际合作来减少 CBDC 跨境使用对国际货币和金融体系的负面溢出效应。2023 年 G7 财长和央行行长会议继续关注 CBDC 的国际合作，讨论帮助发展中国家推出符合适当国际标准的 CBDC，意在通过创建全球框架的方式来减少 CBDC 的潜在风险。

与此同时，G7 通过联合有关国际金融组织的方式进一步强化合作。2020 年，G7 国家央行与 BIS 成立了 CBDC 研究小组，多次发布联合报告，主要内容包括 CBDC 基本原则与核心特征、CBDC 如何在快速变化的环境下服务实体经济、CBDC 在发行中介和整体韧性方面对银行系统的可能影响等，对 CBDC 全球规则标准制定有较大影响力。

2. G20 将 CBDC 作为改进跨境支付的重要议题

跨境支付是国际贸易和经济活动的核心，但持续面临成本高、效率低、透明度差、中低收入国家准入受限等问题。在信息和数字技术快速发展的冲击下，跨境支付体系正面临革命性变革。2020 年后，G20将"改进跨境支付"作为优先事项，制定加强全球跨境支付路线图，包括明确当前跨境支付体系的突出问题，以及提出改进方案等主要内容。该路线图具体研究工作由 FSB、BIS 下属的支付和市场基础设施委员会（CPMI），以及其他相关标准制定机构合作完成，并由 G20 审核。2020年，FSB 发布《推动跨境支付》(*Enhancing Cross-Border Payments*)，较为宽泛地指出跨境支付面临的主要问题，并提出探索方向，包括新兴支付基础设施建设、缩短跨境支付链条等。CPMI 在 FSB 报告的基础上，进一步发布《推动跨境支付：全球路线图的构建模块》(*Enhancing Cross-Border Payments: Building Blocks of A Global Roadmap*)，从五个方面提出 19 条改进建议，包括加强公共部门和私营部门合作，协调监管和监督，改进现有的支付基础设施，提升数据质量，探索新的支付技术、制度和安排。前四个方面关注改进现有机制来促进跨境支付优化；第五个方面则是未来探索方向，具体包括三项建议，分别是考虑新的多边平台和跨境支付安排的可行性、促进跨境支付的全球稳定币安排稳健性、加大对 CBDC 的研究和探索力度。2020 年 10 月，FSB 将路线图提交 G20审核，G20 财长和央行行长会议核准《G20 关于加强跨境支付的路线图》（以下简称《路线图》）。发展 CBDC 是改进全球跨境支付体系的重要环节之一，在《路线图》的指引下，G20 持续关注 CBDC 议题，并推动相关国际机构继续研究 CBDC 在完善跨境支付体系中的作用及其对国际货币政策体系的影响。

（二）以国际金融组织为代表的国际机构推进 CBDC 规则制定和技术研发的国际合作

1. 国际金融组织积极推动 CBDC 国际合作

国际金融组织（如 IMF、BIS）是全球经济金融治理的支柱机构，跟踪研究宏观经济、金融稳定等领域的重要问题，及时识别风险和机遇，并推动各国当局加强政策协调。CBDC 可能给全球经济金融体系带来重大影响，根据各自职能定位，国际金融组织有侧重地推进 CBDC 国际合作。

IMF 是全球金融治理的核心机构，首要目标是确保国际货币体系稳定，重点关注 CBDC 对国际宏观金融的影响以及对国际货币体系的冲击，发布了《跨境支付的数字货币：宏观金融的影响》等多份报告跟踪研究这一问题，并呼吁各国央行加强合作。各国央行寻求创建独立于现有国际网络的数字货币可能会加大全球支付体系的"碎片化"风险。2023 年 6 月，IMF 总裁格奥尔基耶娃表示该机构正在研究建立全球 CBDC 平台，希望各国央行就数字货币的共同监管框架达成一致，以实现全球互操作。

世界银行致力于促进长期经济发展和推进减贫进程，重点关注 CBDC 对普惠金融的影响，2022 年与 BIS 发布《中央银行数字货币：普惠金融工具箱中的新工具》，为设计更具普惠金融作用的 CBDC 提出建议。

BIS 旨在通过促进各国央行合作以实现货币和金融稳定。由于 CBDC 会对全球金融稳定产生深远影响，各国央行是研发 CBDC 的主要负责机构，BIS 在规则制定、技术研发等领域积极推动国际 CBDC 合作，并承接 G7、G20 等国际经济合作平台委托的 CBDC 相关议题。一方面，BIS 及其下属的相关专业委员会就 CBDC 全球研发进展、CBDC 在跨境支付领域的使用等问题开展跟踪研究，标准制定、跨境支付改进方案等相关议题由 G7、G20 委托。另一方面，BIS 在全球设立多个创新中心，其中伦敦、瑞士、斯德哥尔摩（北欧中心）、中国香港、新加坡等创新中心已经开始运营。创新中心是各国央行技术合作的重要平台，旨在为金融领域的问题提供技术解决方案，CBDC 研发是该机构的核心议题，其他相关议题还包括下一代金融基础设施、监督和监管技术等。创新中心还会监测影响央行业务的关键技术发展趋势，是 200 余名央行创新专家的联络点。根据美国智库大西洋理事会的统计数据，截至 2025 年 1 月全球共 16 个跨境支付 CBDC 项目，其中 13 个项目由 BIS 创新中心主导或参与（见表 5-1）。

表5-1　跨境支付CBDC项目总体情况

跨境CBDC项目名称	主要参与方	BIS是否参与	CBDC类型
mBridge	泰国、中国、中国香港、阿联酋、BIS	是	批发
Dunbar	澳大利亚、新加坡、马来西亚、南非、BIS	是	批发
Sela	以色列、中国香港、BIS	是	零售
Icebreaker	以色列、挪威、瑞典、BIS	是	零售
Mariana	法国、瑞士、新加坡、BIS	是	批发
Jura	法国、瑞士、BIS	是	批发
Rosalind	英国、BIS	是	零售
Aurum	中国香港、BIS	是	批发与零售
Helvetia	瑞士、BIS	是	批发
Polaris	BIS北欧中心	是	零售
Nexus	欧元区、马来西亚、印度尼西亚、菲律宾、泰国、BIS	是	批发与零售
Tourbillion	BIS瑞士中心	是	批发与零售
Ceder	美国、新加坡、BIS	是	批发
Onyx/Multiple wCBDC	法国、新加坡	否	批发
Jasper	加拿大、英国、新加坡	否	批发
Aber	沙特阿拉伯、阿联酋	否	批发

资料来源：美国大西洋理事会。

2. 区域性国际金融组织推动区域 CBDC 合作

亚洲开发银行持续关注金融科技和数字货币在亚太地区的应用，并积极推动亚太地区开展 CBDC 合作。2019 年，亚洲开发银行发布《亚洲央行数字货币与金融科技》，介绍 CBDC 理论与监管现状，及其在经济数字化等方面的作用。2021 年，亚洲开发银行发布《中央银行数字货币：应对太平洋金融包容性挑战的潜在对策风险与机遇》，认为精心设计和实施的 CBDC 有助于扩大金融包容性、降低汇款成本，建议太平洋岛国中央银行为 CBDC 建立特定知识基础。2022 年，亚洲开发银行宣布启动区块链项目，旨在使用区块链连接东盟地区和中国、日本、韩国的中央银行及证券存管机构。该项目的主要目标是解决跨境证券交易问题，但研究范围也包括评估系统互操作性和 CBDC 区域合作的可行性。

3. 相关国际组织也开始关注 CBDC 议题

国际电信联盟（ITU）是联合国负责信息通信技术事务的专门机构，旨在促进国际通信网络的互联互通。CBDC 广泛流通涉及信息传输与网络安全，ITU 于 2017 年成立数字货币焦点组（FG-DFC）（以下简称焦点组），研究发行 CBDC 以及与现有支付系统集成以实现互操作所需的功能网络参考架构和流程组件，为关键软件和硬件组件托管提供指导方针，并确定 ITU 标准化的新领域。焦点组于 2019 年 6 月提交报告后结束运营。2023 年由诺贝尔可持续发展基金赞助的央行数字货币国际协作组织（CBDCCO）注册成立，该组织是在焦点组的基础上建立起来的，属于一级行业组织，于 2024 年 1 月在瑞士苏黎世开始运营。

（三）双边或多边 CBDC 合作稳步推进

货币联盟是 CBDC 国际合作的一种特殊形式。东加勒比货币联盟（ECCU）由东加勒比地区 8 个岛国组成。2021 年 3 月，该货币联盟的货币管理机构东加勒比央行宣布发行 CBDC "DCash"，首先在圣卢西亚、圣基茨和尼维斯、安提瓜和巴布达 4 个成员国推行，目前已经推广到所有成员国。

CBDC 跨境支付合作项目是双边或多边 CBDC 合作的主要形式。全球 16 个跨境支付 CBDC 项目中，共 11 个项目由双边或多边国家参与，涉及近 20 个国家或地区。从 CBDC 用途看，这些项目可分为三大类。

一是跨境支付零售型 CBDC 合作，共 2 个项目。2022 年 6 月，在 BIS 创新中心（中国香港）的支持下，中国香港金融管理局（以下简称中国香港金管局）、以色列央行合作研究零售层面 CBDC 的网络安全事宜，并提出应对网络攻击的方法。2022 年 10 月，BIS 创新中心（北欧）与以色列、挪威、瑞典三国央行合作启动 Icebreaker 项目，并于 2023 年 3 月宣布完成。该项目测试在不同试验性 CBDC 系统之间进行跨境和跨货币交易的技术可行性，探索将 rCBDC 系统（轴辐式解决方案，即以一个服务中心为轴，将各国 CBDC 连接起来）与几个附加功能互联的方法。

二是跨境支付批发型 CBDC 合作，共 8 个项目。主要由发达经济体参与的项目共 5 个，包括 Ceder、Mariana、Jura、Jasper、Onyx/M wCBDC，涉及美国、英国、法国、加拿大、瑞士、新加坡等国家。其中，2021 年 11 月，美国纽约联储与新加坡金融管理局（以下简称新加坡金管局）联合启动 Ceder 项目，第一阶段主要研究分布式账本技术在增强跨境支付功能方面的潜在应用，第二阶段主要研究批发型 CBDC 提高跨境批发支付的能力，并于 2023 年 5 月发布阶段性研究成果报告。2022 年 11 月，法国央行、新加坡金管局、瑞士央行联合 BIS 创新中心（欧元区）启动 Mariana 项目，该项目旨在研究通过自动做市商（Automated Market Maker）来实现批发型 CBDC 的跨境外汇交易。主要由发展中国家参与的项目共 3 个，包括 Aber、Dunbar 和 mBridge。其中，2019 年沙特阿拉伯与阿联酋联合推出旨在促进两国跨境结算的 Aber 项目，评估两国央行之间发行和使用 CBDC 的可行性。在 BIS 创新中心（新加坡）的牵头下，马来西亚、南非、新加坡、澳大利亚四国央行在 2019 年 9 月启动 Dunbar 项目，通过共同平台连接多种 CBDC，2022 年 3 月 BIS 宣布已经成功开发和测试了 Dunbar 项目原型。

三是兼顾批发型与零售型 CBDC 的 Nexus 项目。Nexus 项目由 BIS 创新中心（欧元区），以及马来西亚、印度尼西亚、菲律宾、泰国等国家央行于 2021 年 7 月发起。全球 60 个国家已建立即时（或快速）支付系统，能够在短时间内完成汇款。该项目旨在研究利用零售型或批发型 CBDC 来连接各国即时支付系统，从而推动即时跨境支付的发展。2022 年，该团队构建了工作原型，用于测试欧元区 Target2、马来西亚实时零售支付平台（RPP）、新加坡快速安全转账支付系统（FAST）之间的连接。

二、商业机构在央行数字货币国际合作中发挥重要作用

CBDC 在技术开发、应用场景、风险防范等领域的不确定因素多，需要多方参与的大规模试验来寻找合理实现路径。在央行向金融机构发行 CBDC、金融机构向个人和企业分发 CBDC 的双层模式下，金融机构承担重要中介角色。与此同时，CBDC 不仅涉及货币形态的变化，还会改变传统金融业务模式、促进金融创新，金融机构和科技公司也有动机尽早参与 CBDC 研发，提前完善技术和业务模式。大型金融机构和科技公司的跨境业务范围广泛，有的还参与多个 CBDC 国际合作项目，是全球 CBDC 发展和促进 CBDC 国际合作的重要推动力。

（一）参与跨境支付 CBDC 项目

商业机构是多个跨境支付 CBDC 项目的重要参与方，对跨境 CBDC 原型构建和应用场景探索发挥重要作用。在法国央行、瑞士央行和 BIS 创新中心发起的 Jura 项目中，参与方还包括由跨国管理咨询公司埃森哲牵头的私人部门财团，如瑞士信贷、瑞银、瑞士数字交易所 SIX Digital Exchange、数字金融公司 R3 等。由加拿大、英国和新加坡三国央行发起的 Jasper 项目中，埃森哲、R3、摩根大通、汇丰银行、大华银行等机构分别参与不同阶段的试验，并共同编写试验报告。由国际清算银行、瑞士央行主导的瑞士计划（Helvetia）项目中，花旗银行、瑞士信贷、高盛银行、伦茨堡抵押银行（Hypothekarbank Lenzburg）、瑞银 5 家银行将批发型 CBDC 集成到现有后台系统和流程中。中国香港金管局和 BIS 创新中心（中国香港）合作的项目 Aurum 中，参与者包括中国香港金管局的 3 家发钞行。除了作为参与方，个别机构还主动推动 CBDC 研发。由于数字美元的官方研究一度比较迟缓，埃森哲与数字美元基金会合作成立数

字美元项目，旨在促进数字美元的研究。埃森哲等机构同时参与多个跨境支付 CBDC 项目，也有助于间接促进 CBDC 国际合作。

（二）提供 CBDC 研发技术支持

区块链和加密算法等是 CBDC 的技术基础，大型金融机构和科技公司布局相关技术的时间较早，在各国央行研发 CBDC 时已经形成了一定的技术储备，为 CBDC 国际合作提供了技术支撑。沙特阿拉伯和阿联酋的 CBDC 合作项目 Aber 使用的区块链技术由 IBM 提供。法国央行和新加坡金管局合作的 Onyx/M wCBDC 项目，模拟了数字新元和数字欧元的跨境和跨货币交易，完成批发型 CBDC 跨境支付和结算试验。该试验在摩根大通的 Onyx 区块链上运行，是首个使用自动做市商智能合约的跨境 CBDC 交易。部分科技公司进一步推出技术开发平台，加快货币当局研发 CBDC 的速度。数字金融公司 R3 推出专门为金融部门设计的分布式账本平台 Corda，泰国和哈萨克斯坦等国正在利用该平台开展 CBDC 试点。2019 年，欧洲央行发布了基于 R3 Corda 平台的分布式账本技术概念验证项目欧元链（EUROchain），该项目是数字欧元研发试验的一部分。加密货币公司 Ripple 于 2023 年 5 月推出可供央行研发数字货币的 CBDC 平台，根据市场机构的数据，已经有 8 个国家利用该平台研发 CBDC。由以太坊联合创始人创建的区块链公司 ConsenSys 可为央行和金融机构提供数字资产解决方案，该公司已经同中国香港金管局、澳大利亚央行、韩国央行等货币当局合作开展 CBDC 试验。这些科技公司提供的 CBDC 开发平台一般会被多个国家采用，使用相同开发平台也为这些国家加强 CBDC 合作奠定了技术基础。

（三）探索建设新型金融基础设施

CBDC 既是对货币形态和发行方式的改变，也是对金融基础设施的变革，会对传统零售型和批发型金融基础设施产生重大影响。一些金融基础设施提供商加强 CBDC 技术研发，探索建设适用于 CBDC 境内与国际流通的新型金融基础设施。对于零售型业务，2021 年 9 月，Visa 提出开发"通用支付渠道"（UPC），其可被视为区块链之间的"通用适配器"，能够互联多个区块链网络并允许数字货币安全转移。2022 年 1 月，Visa 开发 CBDC 支付模块，旨在将 CBDC 框架与现有的金融生态系统连接起来，协助央行和金融机构在 CBDC 网络上提供对用户更友好的服务，从而促进 CBDC 的流通与使用。2024 年 10 月，Visa 推出了代币化资产平台沙盒（VTAP），旨在将现有的法定货币与区块链连接起来。VTAP 旨在帮助金融机构在区块链网络上发行和管理与法定货币挂钩的代币。VTAP 是由 Visa 内部区块链专家开发的企业对企业（B2B）解决方案，旨在使银行能够以安全、无缝和高效的方式将法定货币带到链上。其主要优势包括易于集成、可编程性强和互操作性强。2023 年，中国香港金管局启动了数码港元（e-HKD）先导计划，探索将 e-HKD 作为一种新型数字货币在中国香港地区的使用案例。为响应中国香港金管局对加强行业参与的呼吁，Visa 与商业银行合作，试点测试了"代币化存款"。这是一种在分布式账本上发行的商业银行货币，企业和消费者可以用其进行支付并与其他区块链网络和参与者互动。试点项目为中国香港市场模拟了 B2B 支付的两个使用场景：房地产交易付款以及收单行和商户间结算。该试点展示了代币化存款在提升支付速度、增加交易限额、管控结算风险、提高交易透明度、实现银行间原子跨链结算等方面的潜在优势。Visa 提供的解决方案，可以铸造、销毁和转移代币。此功能还可以与批发交易结算系统集成，实现端到端无缝连接。2024 年 10 月，基于上述数码港元先导计划第一阶段的成果，Visa 被选中在第二阶段继续参与，探索通过代币进行跨境支付和资产投资的互操作性。第二阶段为期 12 个月，Visa 将研究不同方法，使数字货币可用于在港的投资基金。Visa 还计划利用一种新的代币化解决方案，在沙盒环境中帮助银行发行与法定货币挂钩的代币，以测试数码港元和代币化银行存款的付款交付（DvP）结算用例。

对批发型业务，国际资金清算系统SWIFT是全球传统跨境支付信息传输的核心服务商，CBDC引发的金融基础设施变革对其有较大影响，近年来该机构也在积极参与CBDC国际合作。各国CBDC开发可能采用不同的架构、技术或标准。例如，采用区块链或集中化机构、双层或单层结构，多元化研发路径会加大CBDC跨境流通的难度，还可能带来数据孤岛、支付体系碎片化等问题。SWIFT从多形态货币形态交互性着手，提高CBDC与传统货币，以及多种CBDC的互操作性和互通性。SWIFT已开展两项研究。一是增强CBDC与传统货币之间的互操作性，通过叠加业务协调层（Orchestration Layer）实现基于分布式账本技术的CBDC网络与实时全额结算系统（RTGS）的互操作。二是增强多个CBDC之间的互操作性，通过中间结构模式和SWIFT CBDC连接器来实现多CBDC交互。2022年，SWIFT与法国央行、德国央行、法巴银行、汇丰银行、通用集团等货币当局或商业银行开展为期12周的试验，处理近5000笔交易。

三、中国参与央行数字货币国际合作情况

CBDC跨境流通涉及货币主权、外汇管理政策、汇兑制度安排、监管合规要求等多重复杂问题，也是各国共同治理解决的难题。中国积极参与CBDC国际交流，同时落实G20等国际组织关于改善跨境支付的倡议，研究数字货币在跨境支付领域的适用性。

（一）积极参与CBDC国际交流，在国际组织框架下推动CBDC标准完善

根据2021年公布的《中国数字人民币研发进展白皮书》，研发及试点期间，中国积极参与国际货币基金组织、世界银行、国际清算银行、金融稳定理事会等国际组织的多边交流，同多国货币和财政监管部门、国际金

融机构研讨 CBDC 前沿议题，并在国际组织框架下参与法定数字货币标准制定。例如，在国际电信联盟数字货币焦点组的工作会议中，中国关于双层体系下 CBDC 技术考量的研究内容得到各国央行广泛关注，并对 CBDC 参考架构等基础性标准规范制定起到一定参考作用。

（二）落实改善跨境支付倡议，合作探索 CBDC 跨境使用

1. 参与多边央行数字货币桥（mBridge）

mBridge 项目的前身是跨境双边项目 Inthanon-LionRock，2019 年中国香港与泰国合作建立跨境走廊网络，测试双边跨境支付可能性，2021 年中国人民银行数字货币研究所和阿联酋央行加入该项目中。在 BIS 创新中心（中国香港）的支持下，项目改名为 mBridge。mBridge 是基于分布式账本技术的多边跨境支付平台，所有参与者使用同步、实时更新的账本。该平台使用单一系统架构，参与国家或地区的央行与商业银行可直接接入该平台，央行负责管理本地商业银行的准入和退出、发行和赎回 CBDC、监管交易活动、核准平台交易并维护共同账本，商业银行可采用 CBDC 直接进行点对点支付。企业不直接加入平台，需要委托商业银行完成跨境支付。在不需要中间账户的情况下，该平台能够实现不同货币和不同司法管辖区之间代币化 PvP（Payment vs Payment）转账，从而提高跨境支付效率。

mBridge 项目取得积极进展。2022 年 8 月 15 日至 9 月 23 日，来自四个司法辖区的 20 家商业银行参与试验，促成 160 多项支付和外汇 PvP 交易，总价值超过 2200 万美元。2022 年 10 月，BIS 创新中心（中国香港）联合各参与方发布《"货币桥"项目：通过央行数字货币（CBDC）连接各经济体》，介绍 mBridge 项目的试验结果。2023 年 6 月，项目参与方召开系列会议，讨论最小化可行性产品（MVP）研发及阶段性落地有关工作，平台开发进入新的阶段。

2. 探索 CBDC 系统互联互通

一是探索数字人民币系统与中国香港本地"转数快"快速支付系统的互联互通。"转数快"是中国香港于 2018 年推出的即时现金转账平台,个人和商户可通过港元或人民币进行支付或转账。2021 年中国人民银行金融研究所表示,将与中国香港金管局开展第二阶段数字人民币跨境支付的研究工作,探索数字人民币系统与"转数快"的互联互通。二是启动中国和新加坡互联互通项目数字人民币试点。在中新互联互通项目框架下,2022年 9 月互联互通项目数字人民币试点启动,支持个人用户使用数字人民币在商务旅游、人才培训、购物消费等相关场景进行支付,同时依托陆海新通道,在贸易往来中探索利用数字人民币进行支付结算。

专题六

私人数字货币发展、创新与风险

一、私人数字货币及其监管体系快速发展

1. 私人数字货币快速发展

私人数字货币，也被称为加密资产（Crypto asset），是一种主要依靠密码学和分布式账本技术进行记录的私人数字资产，有时也称其为代币（Token），包括价值的数字表示，以及能够以电子形式存储和交易的合同权利。私人数字货币总体上可分为两类：一类是非稳定私人数字货币，以自己的记账单位计值[①]，不依赖于底层资产价值支撑，以比特币、以太坊为代表；另一类是稳定币，通过与指定资产或资产池锚定的方式来稳定价值，与法定货币挂钩的稳定币可被视作货币电子化的一种特殊形式，以与美元1∶1兑换的泰达币 USDT 为代表。

近年来，全球私人数字货币种类超 18000 种，规模快速扩大。新冠疫情对数字经济发展的助推作用以及宽松流动性环境，推动私人数字货币总市值从 2020 年初的不到 2000 亿美元增长到 2021 年 9 月的 2 万多亿美元（见图 6-1），在 2021 年 11 月甚至突破 3 万亿美元。受主要经济体收紧货币政策，以及一些私人数字货币爆雷等因素的影响，私人数字货币市值大

---

① 如比特币最小单位为一亿分之一，即"1聪"。

幅下降，2022 年 5 月回落至约 1.3 万亿美元。

（亿美元）

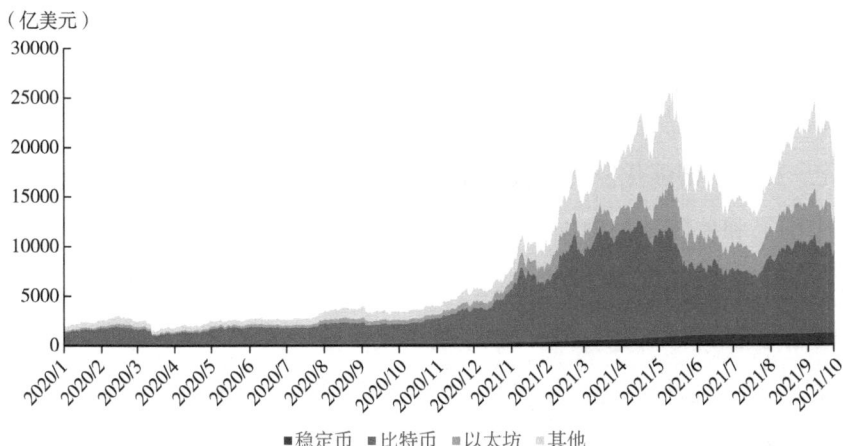

图6-1 2020年1月至2021年10月私人数字货币市值变动情况

资料来源：2021年10月IMF《全球金融稳定报告》。

2. 各国加快完善对私人数字货币的监管

私人数字货币发展带来多重风险。由于内在价值不明确，以及未被完全纳入监管体系，私人数字货币的快速发展推高了金融风险。一是投资者缺乏有效保护。比特币、以太坊等私人数字货币价格波动幅度较大，信息披露与监管工作有限，还面临较高的欺诈和黑客攻击风险[①]。稳定币的底层资产不透明、未受严格监管，多次出现挤兑风险。二是匿名性高，可能被用于洗钱和恐怖主义融资等非法交易，加大执法难度。三是私人数字货币与传统金融市场的关联性快速上升，系统性影响不断增大。在新冠疫情后的宽松流动性环境下，随着更多机构投资者将私人数字货币纳入投资组合，其与主要股票指数的价格相关性明显上升。稳定币的底层资产多投向美元短期国债，与货币市场的关联度也在上升。2023 年 3 月，美国银门银行、签字银行先后破产倒闭，这两家银行的私人数字货币业务较多，加密市场波动是致其倒闭的因素之一。四是削弱宏观政策影响。私人数字货币相关税收规定还不完备，匿名性会助长逃税行为，降低财政收入。私人数

---

① 根据私人数字货币安全公司Ledger统计数据，近年来黑客攻击带来损失总金额约20亿美元。

字货币持有及使用比重上升，还会加大资本外流压力，降低货币政策执行效率。

各国明显强化对私人数字货币的监管。近年来，私人数字货币市场多次爆发流动性危机，多家交易平台破产，损害投资者利益，影响金融体系稳定，促使各国强化监管。根据美国国会法律图书馆 2021 年的统计数据：51 个国家和地区（如中国、埃及、阿尔及利亚）禁止使用私人数字货币外；103 个国家和地区将其纳入监管范围，数量较 2018 年增加 2 倍。美欧不断强化监管，以逐步将私人数字货币纳入金融监管体系的方式推动其有序发展。美国依据功能属性将私人数字货币纳入到现有监管体系，形成联合监管格局。美国证监会监管具有证券属性的私人数字货币、相关投资基金和信托、交易所，货币监理署负责稳定币发行、托管和支付的监管，商品期货交易委员会监管私人数字货币期货合约交易，金融犯罪执法局和司法部等打击洗钱、敲诈勒索等违法犯罪行为。欧盟一方面将现有金融监管规则拓展到私人数字货币监管领域，另一方面构建完整监管框架。2020 年9 月，欧盟委员会公布关于建立欧盟层面私人数字货币制度的《加密资产市场监管法案》草案，2023 年分别获得欧洲议会和欧盟理事会通过，一直力求在 27 个欧盟成员国统一实施。《加密资产市场监管法案》明确私人数字货币的分类、监管主体、信息报告制度、行为监管制度等，对私人数字货币服务商制定监管要求，使得监管政策分割的欧盟各成员国形成统一的私人数字货币监管体系，推动私人数字货币的合规发展。这也是全球首个针对私人数字货币的全面监管法案，对全球相关法律制定具有重要示范意义。

对私人数字货币的监管需要全球协调。私人数字货币匿名性较强，可在全球范围内流动，大型银行和投资基金参与投资，将对全球金融体系产生影响。然而，各国监管理念与力度存在较大差异，缺乏全球性的统一标准，跨境监管套利风险较高。国际金融组织正加快协调全球私人数字货币监管。金融稳定理事会表示将在设计全球监管框架方面发挥主导作用，并牵头制定涵盖私人数字货币的全球法规。国际清算银行为商业银行评估私人数字货币风险等级并相应增加资本金提供政策建议。私人数字货币交易匿名性引发非法融资和转移资金风险，驱动增强反洗钱监管力度。反洗钱金融行动特别工作组对交易所、钱包提供商和托管平台等服务商提供指导方针，要求其共享发送方与接收方的相关交易数据，加强对利用私人数字货币洗钱等行为的监管。

二、私人数字货币的货币职能表现及其局限性

从历史来看，政府并非唯一允许发行货币的实体，私人企业甚至个人都曾发行过货币。以美国为例，在 20 世纪初美联储成立前，大部分货币由私人银行发行，运河、铁路等运输供应商，煤炭开采和木材公司，以及商人等社区团体也都曾发行过货币，发行货币种数接近 8000 种。这些私人货币既直接与法定货币竞争，也满足实体经济的需要，在法定货币服务不足的领域发挥重要作用（如边远地区交易、发行小面额货币便于日常使用）。私人数字货币类似于一种以算法模型和加密技术手段为支撑的私人货币，具备一定的货币职能，也与法定货币形成一定的竞争关系。

1. 私人数字货币的货币职能表现

关于私人数字货币能否被称为"货币"存在较大争议。本节从货币分类要素、货币基本职能领域的实际表现来分析私人数字货币的特性。

从货币分类要素看，私人数字货币具有三个关键特征。一是形式上是数字化的，能够充当支付手段，并通过加密技术防止伪造和欺诈。二是由私人创设，且持有者和发行方的债权债务关系不明确。私人数字货币的价值来自其自身可提供的服务以及被其他人接受的预期（如可用于跨境支付）。比特币、以太坊等非稳定私人数字货币与商品货币类似，但内在价值不明确。稳定币的内在价值与底层资产，以及维持与底层资产锚定关系

的可信度有关，与"狭义银行"有相似之处（接受存款并将存款全部投向无风险资产），但也未明确建立发行方与持有人的债权债务关系。这与法币体系下货币是对中央银行或商业银行的负债存在明显不同。三是允许数字化点对点交易，原则上可在去中心化场景下进行（利用区块链技术），不依赖于中央对手方。

从货币基本职能看，私人数字货币的应用场景持续增多，范围正不断拓展。

一是贮藏手段职能。私人数字货币被视为一种新兴资产类别。全球通胀预期、流动性环境是影响交易量的重要因素，且国家层面的交易量与黄金价格走势呈负相关关系。这表明私人数字货币被视作一种风险资产和通胀对冲工具，与黄金存在一定的替代关系。私人数字货币以机构投资者为主导，超99%的交易为大额交易（交易金额超1万美元）。近年来，多家国际大型金融机构在投资组合中纳入私人数字货币，如全球最大资管公司贝莱德集团、太平洋投资管理有限公司等。随着私人数字货币投资兴起，对冲和避险等需求增加，以私人数字货币为底层资产的金融产品随之增多。芝加哥商品交易所推出比特币期货合约，美国、加拿大等国家批准设立以比特币或比特币期货为底层资产的ETF。

二是支付手段职能。私人数字货币可提供点对点的交易，对金融中介的依赖程度低，具有大幅提高支付效率、降低成本的潜力。以BitPay、Stripe为代表的区块链技术公司面向商户和消费者提供私人数字货币支付解决方案，发挥类似于PayPal、支付宝等支付服务商的作用，简化支付流程，大幅提高效率。Visa、MasterCard等公司与多家私人数字货币公司达成支付合作，提供银行卡网络的支付服务。其中，美元稳定币（USDC）、比特币、以太坊被虚拟资产服务提供商使用的频率较高。当前全球超过15000家企业接受私人数字货币支付方式，其中既包括微软和特斯拉等大型科技公司，也包括星巴克、可口可乐、AMC娱乐等消费娱乐类公司。基于互联网的特征，私人数字货币的跨境交易与境内交易差别不明显，大多可直接用于跨境交易，为改进跨境支付提供新的技术路径。例如，Circle 将比特币作为价值载体，通过比特币与法定货币的相互兑换，利用区块链网络支持低成本货币兑换和跨境支付。Ripple 构建货币汇兑网络和实时结算系统，利用瑞波币提升跨境支付效率。私人数字货币也可用于金融资产交易，摩根大通于 2019 年创建与美元挂钩的稳定币摩根币，用于该公司即时结算客户的支付交易，并测试其跨境支付功能。

三是价值尺度职能。若干经济体开始将私人数字货币定位为法定货币，允许其承担价值尺度职能。2021 年 6 月，中美洲国家萨尔瓦多成为全球首个将比特币作为法定货币的国家，允许其国内的商品和服务以比特币定价，公民可使用比特币缴税。2022 年 4 月，非洲国家中非共和国也将比特币作为法定货币。

2. 私人数字货币承担货币职能存在局限性

法定货币是经济活动的重要协调工具，具有很强的网络外部性，能够降低大规模交易成本，加快经济金融循环。与法定货币相比，私人数字货币存在三方面的局限性，限制其承担货币职能。

一是可扩张性。货币的使用度越高，成本相应越低、使用意愿更强，但私人数字货币难以形成与法定货币类似的大规模扩张。为实现去中心化信任，私人数字货币的区块链网络需要大多数参与者同步和验证历史交易信息，这导致网络规模随着使用范围的扩大而不断扩张。例如，比特币网络当前总规模约 300GB，每年增长近 50GB。随着交易网络规模的不断扩大，验证时长与交易成本会上升，出现交易拥堵的可能性更大。

二是币值稳定性。货币需求总是动态变化的，央行通过匹配货币需求和调节货币流通量来稳定币值，并在市场流动性可能不足时，作为最后贷款人及时注入流动性，保证交易的有序进行。由于缺少央行的角色，私人数字货币的供应缺乏弹性，需求变动会较快引起价格变化。与此同时，内在价值不明确和缺少稳定机制，都导致私人数字货币价格波动巨大，难以保证交易活动稳定进行。稳定币通过锚定底层资产的方式稳定价值，但缺少有效监督机制，近年来出现多起稳定币挤兑崩盘案例。

三是对支付完结性的信任。在法定货币体系中，交易一旦在国家支付系统发起并由央行准备金结算就不可撤销，从而确保支付完结性。私人数字货币的支付完结性由区块链上大多数参与者的共识决定。通过控制具有大量计算能力的节点，可以更快传播错误或虚假交易信息，从而操纵交易。账本规模越大、城市节点越多，被操纵风险越低，但无法保证100%无风险。

三、私人数字货币对国际货币体系的影响

1. 推动 CBDC 的发展并为其提供技术参考

私人数字货币规模快速增长，以及支付、加密等技术领域的创新，给法定货币带来竞争压力，是近年来各国加快 CBDC 研究的重要原因之一。特别是，脸书曾试图推出以美元等国际货币为支撑的全球稳定币 Libra，国际影响较大。该平台活跃用户接近 28 亿人，庞大的潜在用户群体使得 Libra 对全球货币体系和金融体系的冲击远超其他私人数字货币，受到全球多个国家和地区的关注和反对，脸书最终放弃该项目。

数字货币的发展离不开技术进步，特别是区块链、加密和认证等底层技术的进步。区块链技术能够构建去中心化、不可篡改、安全可验证的分布式数据管理系统，有助于构建数字经济领域的信任机制。通过内嵌的智能合约技术，区块链技术还能直接执行规则和共识，将需要依靠第三方监督或背书的合约（如贷款偿付、保险赔付）转化为自动执行。加密技术是保护用户身份和交易数据隐私的核心技术，由加密算法、协议、产品和应用构成的加密标准体系是信息时代安全体系的重要一环。明确权利归属才能体现资产属性并实现资产交易和流转，认证技术通过

识别、认证和授权确保反映真实主体真实意愿的交易实施。认证技术也是联通数字世界与现实社会的关键纽带，能够在监管、保护用户权益、打击违法犯罪等方面发挥重要作用。私人数字货币是这三项技术的集成载体，推动相关技术的快速发展，可为各国 CBDC 原型设计、技术路径提供现实参考，加快研发进程。

2. 促进广泛的金融创新

私人数字货币的应用场景丰富，有助于促进金融创新。私人数字货币为跨境支付提供新的路径，并能够通过区块链共享企业付款和财务历史记录，从而为企业融资提供信用信息。2022 年私人数字货币平台 Bitso 共处理 33 亿美元从美国到墨西哥的汇款，约占整个私人数字货币交易市场的 6%。与此同时，以私人数字货币为底层资产的交易，以及不同种类私人数字货币通过跨链交易进行转换，为证券交割、外汇交易等提供新的金融基础设施改进思路，有助于提高交易效率并促进业务创新。去中心化金融衍生品项目在期权、利率衍生品等方面都有创新。

3. 对货币主权形成一定竞争

私人数字货币在货币职能领域的扩张，在特定领域（如贮藏手段、支付手段）能够更好地满足持有人需要，与法定货币形成一定竞争。值得注意的是，这种竞争关系对主导货币和非主导货币是不均衡的。根据 Chainalysis 发布的 2021 年全球私人数字货币采用指数，中低收入发展中国家采用度相对较高（见图 6-2）。特别是在高通胀、金融基础设施不完善、社会治理不佳的非洲和拉丁美洲国家，私人数字货币业务发展迅速，成为居民抗通胀和跨境支付的重要选择。相对国际主导货币，私人数字货币更可能发挥补充功能。私人数字货币并未完全脱离法定货币体系，在经济活动的最终环节还需要兑换为法定货币（如投资获利了结），其中，美元使用度最高，交易多以美元进行计价。全球主要稳定币都锚定美元，截至

2024年5月，前三大稳定币 USDT、USDC 和 DAI[①] 总市值约为 1500 亿美元，约占稳定币总市值的90%，与货币市场基金类似，更可能巩固美元地位。但在未建立有效监管体系的情况下，大型金融科技公司利用庞大用户基数和平台生态开发稳定币，会对主导货币形成较大冲击。这也是美国和欧洲等国家和地区对脸书全球稳定币项目持反对意见的重要原因。

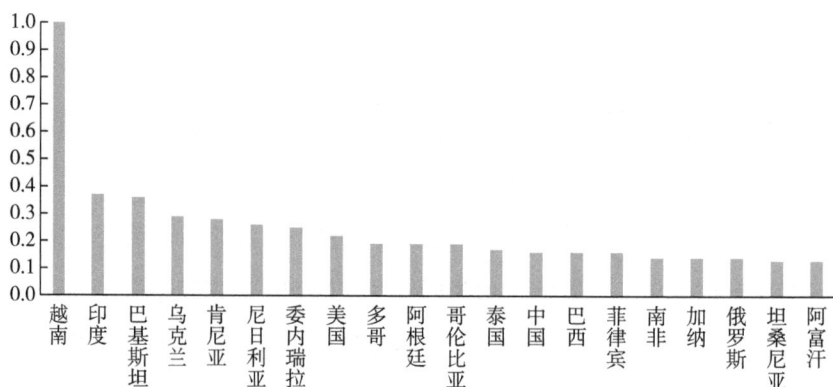

图6-2　2021年全球私人数字货币采用指数

资料来源：Statista、Chainalysis。

---

① DAI由MakerDAO发行，是一种去中心化的稳定币，锚定美元。

专题七

私人数字货币涉及的主要技术及演进态势

　　私人数字货币技术在近年来的快速发展中变得越来越重要，并在各个领域广泛应用。伴随着比特币出现的区块链技术解决了点对点支付系统的安全问题，也促进了智能合约、去中心化金融、物联网等一系列应用的深化。

　　目前，私人数字货币的相关技术已广泛应用于多个领域。在金融领域，区块链技术在结算和清算过程中发挥着越来越大的作用，提高了效率并降低了成本。此外，去中心化金融应用基于区块链技术，提供了无需传统银行或金融机构参与的金融服务，如借贷、债券发行和流动性挖矿等。这一领域正在快速发展，吸引了大量资金和创新成果。在金融领域之外，私人数字货币技术可以用于物联网设备之间的安全交互和支付，促进智能城市、智能家居和智能工厂等领域的发展。政府机构正在探索将区块链技术用于选举、身份验证、公共记录管理和社会救助等领域。NFT 的兴起使数字艺术品和媒体内容的所有权得以证明，这一领域吸引了艺术家和内容创作者的关注。

　　总之，私人数字货币技术不仅改变了金融行业，还对多个领域产生了深远的影响。去中心化、安全性和创新性的特点使私人数字货币技术在未来继续扮演重要的角色，有望进一步扩展应用领域。

一、区块链技术的演进

（一）区块链技术的基本原理

区块链技术的基本原理是一种分布式账本技术，用于安全记录和验证交易数据，而无需中央控制机构。

区块链是一个分布式账本，由许多参与者（节点）维护。每个节点都有一个完整的副本，称为区块链，其中包含了所有的交易历史记录。这意味着没有单一的中央数据库，而是由多个节点共同维护和更新账本。

区块是区块链中的数据单元，用于存储一组交易。每个区块都包含了前一个区块的引用，这样就形成了一个有序的链条。这种链接方式使得数据不可篡改，因为要篡改一个区块，就需要同时篡改后面所有的区块。具体而言，区块链使用密码学技术来保证数据的安全性。每个区块包括一个指向前一区块的哈希值，这个哈希值在一定程度上基于前一区块的数据。这种链接和哈希函数的使用使得数据在被添加到区块链后变得不可修改，因为修改一个区块将导致整个链的哈希值发生变化。

为了向区块链添加新的区块，网络中的节点必须达成共识，即对于新的交易数据的有效性达成一致意见。常见的共识机制包括工作量证明（PoW）和权益证明（PoS）。这些机制确保了只有有效的交易才能被添加到区块链中。

基于上述技术设计，区块链是去中心化的，没有单一的管理或控制机构。决策和维护账本的权力分散在网络中的多个节点之间，降低了单点故障的风险，增加了安全性。

（二）区块链技术的发展趋势

区块链技术一直在不断演进，以满足不同领域的需求。目前区块链技术主要向分层区块链技术、隐私保护技术和跨链互操作性演进。

1. 分层区块链技术

分层区块链技术是一种发展趋势，旨在解决区块链的可扩展性和性能问题。它通过将区块链网络分为多个层次来实现这一目标。基础层是区块链的核心层，负责处理交易的共识和存储。比特币和以太坊是常见的基础层区块链。它们通常牺牲了一些性能来确保去中心化和安全性。第二层建立在基础层之上，旨在提高性能和增强扩展性。常见的第二层解决方案包括闪电网络（Lightning Network）和状态通道。它们允许快速和低成本的微支付，而不会增加基础层的拥堵。第三层及更高层是构建在第二层之上的应用。目前，一些项目正在考虑构建多重层级，以实现更复杂的功能，如智能合约、去中心化金融和 NFT 市场。这些层级将提供更多的灵活性和创新性。

分层区块链技术有助于解决当前的性能限制，使区块链更加适用于大规模应用，如全球支付系统和金融市场。

2. 隐私保护技术

隐私保护技术是另一个重要的发展趋势，旨在增强区块链交易的隐私性。虽然区块链是透明的，但某些应用场景的数据需要更好的隐私保护，如医疗记录、商业合同和个人金融数据。当前较热门的隐私保护技术包括以下几种。

零知识证明：这是一种加密技术，允许证明某事是真实的，而无须透露有关该事实的具体信息。零知识证明可用于隐藏交易的详细信息，同时确保其有效性。

同态加密：这种加密形式允许在加密状态下执行计算，而无须解密数据。它可用于保护数据的隐私性，同时允许对加密数据进行计算。

环签名：允许多个用户共同签署交易，而不会揭示个人身份。这增加了匿名性，同时确保了交易的合法性。

上述隐私保护技术在区块链上的应用有助于平衡隐私和透明度之间的关系，使得区块链更适用于对各种敏感数据的处理。

3. 跨链互操作性

跨链互操作性是解决不同区块链之间的隔离问题，并使它们能够无缝合作的关键。不同的区块链网络通常具有不同的协议和规则，这使得跨链交互困难。目前的解决方案有以下几类。

一是中继链（Relay Chain）。一些项目正在开发中继链，它们充当不同区块链之间的桥梁。这些中继链可以跟踪不同区块链上的资产和交易，并允许它们之间进行交互。

二是原子交换。这是一种去中心化的方式，允许不同区块链上的用户直接交换资产，而无须信任第三方。原子交换协议确保交换是不可逆的。

三是跨链标准化。这种方案通过制定通用的跨链协议和标准来提升不同区块链之间的互操作性。一些项目正在积极推动这一进程。

二、智能合约和去中心化应用的发展

智能合约是一种自动执行的合同，它基于区块链技术，能够在特定条件满足时自动执行事先编码的操作，而无需中介或第三方干预。这个概念最早由计算机科学家兼密码学家 Nick Szabo 于 1994 年提出，但真正的实现和广泛应用是在以太坊等智能合约平台出现后。

（一）智能合约的工作原理

智能合约通常由开发人员用编程语言（通常是 Solidity，用于以太坊）编写。合约定义了规则、条件和操作，以及执行这些操作所需的逻辑。

一旦编写完成，智能合约被编译为字节码，并部署到区块链上的智能合约虚拟机。智能合约被部署后，它将永久存储在区块链上，并被分配一个唯一的地址。

智能合约的工作是基于特定条件触发的。这些条件通常由交易或外部数据源触发。例如，一个简单的智能合约可以是一个赌注合同，只有在某方支持的球队获胜时才会支付奖金。

当触发条件满足时，智能合约将自动执行预定义的操作，无需人工干预。这些操作可以包括转移资金、更新状态、触发其他合同等。

值得一提的是，执行智能合约需要支付费用，通常以私人数字货币的形式支付，如以太币。费用取决于合约的复杂性和执行所需的计算资源，称为燃气（Gas）。

（二）去中心化应用的典型案例

去中心化应用（DApps）是建立在区块链技术之上的应用程序，它们不依赖于单一中央机构或控制权。以下是去中心化应用的一些实际案例，包括去中心化金融、去中心化身份验证和 NFT 市场。

1. 去中心化金融

去中心化金融是一种革命性的区块链应用，旨在重新塑造传统金融系统。

在借贷方面，去中心化金融借贷平台提供了借款者和贷款者之间直接的、由智能合约支持的对接机制。用户可以在无须银行提供服务的情况下借款、抵押或借出数字资产，实现更高的流动性和更低的借款利率。在交易所方面，去中心化交易所（DEXs）平台允许用户直接交换私人数字货币，而无需传统中央交易所。DEXs 提供更高的隐私性和自主性，并降低了中介机构带来的成本。在保险方面，用户可以购买智能合约支持的去中心化保险，以保护数字资产免受市场波动或黑客攻击的损失。

此外，去中心化金融平台的运行需要稳定币的支持，这些稳定币通常与法定货币或其他资产挂钩，用于减轻私人数字货币市场的波动性。

2. 去中心化身份验证

去中心化身份验证可以改善个人身份验证和隐私的方式，而不需要传统身份验证机构的介入。

基于此，用户可以创建和管理自己的数字身份，包括个人信息、身份文件和认证。这些身份信息被存储在区块链上，用户有完全控制权。此外，去中心化身份验证还可用于访问在线服务和应用程序。用户可以选择与他们信任的身份验证服务进行互动，而无须向每个服务提供相同的身份信息。这样，用户可以更好地控制他们的个人数据，只分享必要的信息，并确保数据不被滥用。

3. NFT 市场

NFT 是唯一性数字资产，它们用于代表数字内容的所有权和稀缺性，目前主要应用于数字艺术、游戏、虚拟地产等领域。

艺术家和创作者可以将数字作品转化为 NFT，售卖给收藏家，同时确保其所有权和稀缺性。在游戏中，NFT 用于表示虚拟物品和资产的所有权。玩家可以购买、交易和收集虚拟物品，而不仅仅是游戏内的道具。一些虚拟世界中的土地和建筑物也被表示为 NFT。用户可以购买虚拟地产，并将其开发和出售。

三、私人数字货币的技术挑战

私人数字货币技术面临不少挑战，其难以同时实现安全性、匿名性与可拓展性（这三者的同时实现被称为"不可能三角"）。因为安全性和匿名性是难以牺牲的性质，扩容成为区块链技术面临的最关键问题之一。传统的区块链网络（如比特币和以太坊）在处理交易时始终存在性能和吞吐量限制。能源效率则是分布式共识面临的又一大挑战。由于私人数字货币具有巨大金融价值，安全性也始终是其面临的挑战。此外，不同区块链之间的互操作性也是一个重要问题。

（一）可拓展性

可拓展性是区块链技术面临的一个主要挑战，特别是在处理大量交易和面临大量用户时。一是许多公共区块链网络的吞吐量有限，每秒只能处理有限数量的交易。这导致了交易拥堵和延迟，尤其是在交易活动激增时，如热门的首次代币发行或大规模交易事件。二是当网络变得拥挤时，交易费用通常会上升。这使小额交易不划算，同时也降低了区块链的可用性，特别是与全球金融包容性的追求不符。三是链内竞争。在某些共识算法中，挖矿节点之间存在激烈的竞争，以获得记账权。这导致了资源竞争，浪费了大量的计算能力和电力，而且并不总是能够提高网络的吞吐量。

此外，数据存储和同步也面临问题。区块链网络中的完整节点需要存储整个区块链的副本，这给数据存储和带宽需求造成了巨大压力。新节点的加入和数据同步也可能变得缓慢且昂贵。

（二）能源效率

能源效率是以区块链为代表的私人数字货币技术面临的第二大挑战，尤其是对于使用传统的 PoW 共识算法的区块链网络。

PoW 共识算法要求矿工通过解决复杂的数学问题来竞争出块权。这种过程需要较高的计算能力，参与挖矿的计算机设备需要大量电力供应。因此，相同时间内一个大规模的 PoW 区块链网络消耗的电力可与一个中小型国家消耗的电力相当。大量电力消耗不仅使 PoW 区块链网络的操作成本变得高昂，还给环境带来了巨大负担。电力消耗巨大导致大量的二氧化碳排放，对气候变化产生负面影响。这引发了对区块链技术的环境可持续性的担忧。

此外，某些地区的电力供应可能不稳定，而 PoW 挖矿需要持续的高功率计算。这可能导致电力中断和不可预测的网络延迟，对区块链的可用性产生不利影响。由于电力成本是挖矿的主要成本之一，挖矿竞争更加激烈，这导致了更多资源的投入，进一步加剧了电力消耗。

（三）安全性

保障安全性是区块链技术领域的一个永恒挑战。尽管区块链被认为是一种高度安全的技术，但仍然面临一系列安全性挑战。

一是智能合约漏洞。智能合约是区块链的自动执行代码，但它们容易受到漏洞和错误的影响。最著名的例子是"DAO攻击"，黑客成功利用智能合约的漏洞窃取了大量以太币。此后，智能合约安全性变得更加重要。

二是交易隐私问题。大多数公共区块链是透明的，交易数据对所有人都是可见的。这可能引发隐私泄露问题，特别是企业和个人用户的数据隐私问题。如果没有足够的隐私保护机制，敏感信息可能被公开。黑客和数据分析公司可以使用高级分析技术来识别和关联区块链上的交易，以揭示用户的身份和行为。这些分析攻击可能泄露用户的隐私信息。

三是共识算法攻击。区块链网络的共识算法是其安全性的基石，但它们不是绝对安全的。某些攻击，如长程攻击、自私挖矿、拒绝服务攻击等，可能威胁到网络的稳定性。

四是社交工程和钓鱼攻击。区块链用户可能成为社交工程和钓鱼攻击的目标，尤其是在使用区块链钱包和参与ICO等活动时。诈骗者可能试图窃取用户的私钥或诱使他们转移资金。

（四）跨链互操作性

跨链互操作性是加密数字货币领域面临的一项重大挑战。它涉及不同区块链网络之间的资产和数据流动，并使它们能够有效地交互和协作。

区块链技术的兴起促进了众多不同的区块链网络的出现，每个网络都有自己的规则、协议和生态系统。这些网络通常是独立的，不容易互操作，因此资产和数据在不同网络之间的传输变得复杂。

由于缺乏通用的跨链标准和协议，不同的区块链网络可能采用不同的数据结构、共识算法、智能合约编程语言等。这使得它们之间的通信和数据传输变得困难。

跨链交易通常需要更长的时间来确认，因为它们需要通过多个不同的区块链网络进行验证。这种延迟可能导致某些应用程序和用例出现问题，尤其是需要即时交易确认的情况。将数据或资产从一个区块链传输到另一个区块链可能暴露数据，特别是在没有强大的隐私保护措施的情况下。这会引发安全和隐私泄漏问题。

四、解决方案

（一）可拓展性

可拓展性的解决方案包括闪电网络、分片技术（Sharding）和侧链（Sidechains）等。扩容方案的选择通常取决于具体的区块链项目和需求。不同的区块链网络可能会采用不同的扩容技术，以适应其特定的用例和目标。扩容是区块链技术不断发展的一个关键领域，各种方案的不断创新将有助于解决当前面临的性能限制问题。

1. 闪电网络

闪电网络是针对比特币的扩容解决方案之一。它采用了以下关键概念。

双向支付通道：用户可以通过与其他用户建立双向支付通道来实现点对点的交易。这些交易在链外进行，因此不会拥堵区块链。

多层次网络：闪电网络采用多层次网络拓扑结构，允许资金在多个支付通道之间流动，从而提高了支付的灵活性。

路由算法：闪电网络使用智能路由算法，帮助找到最佳的支付路径，确保资金能够快速且安全地到达目的地。

闪电网络的目标是加快比特币的交易速度，减少费用，并为微支付和日常交易提供更好的支持。它已经在实际应用中取得了成功，并为比特币的可扩展性问题提供了部分解决方案。

2. 分片技术

分片技术是一个广泛应用于区块链的扩容方案，特别是以太坊。它采用了以下关键概念。

区块链分片：分片技术将主区块链分成多个片段（shards），每个片段负责处理一部分交易。这意味着不再需要每个节点处理整个区块链的交易，从而提高了性能。

共享主链：尽管有多个片段，但它们共享一个主链以确保整个网络的一致性和安全性。

跨片交互：不同片段之间的交互需要一些协议和机制，以确保资产和信息能够在不同片段之间流动。

发展分片技术的目标是提高以太坊的吞吐量，使其能够支持更多的分散应用和更多用户。分片技术研发仍在进行中，预计将在未来几年内逐步推出。

3. 其他扩容方案

除了上述方案外，侧链（Sidechains）、状态通道（State Channels）、二层扩容（Plasma）等扩容方案都旨在提高区块链的性能、可扩展性和交易吞吐量，但目前的应用尚不广泛。

（二）能源效率和共识算法创新

解决能源效率问题的方法包括采用替代共识算法，如权益证明或权益证明与工作量证明（PoS/PoW 混合模型）。这些共识算法通常比工作量证明更节能，因为它们不需要大量的计算能力来竞争出块权。其他方法包括研发节能的挖矿硬件、使用可再生能源为区块链网络供电，以及采取区块链技术的二层解决方案来降低电力需求。本小节主要介绍共识算法的创新。

共识算法的创新是区块链技术不断演进的重要组成部分，它们有助于提升区块链网络的性能、安全性和可用性。

权益证明是一种常见的共识算法，与传统的工作量证明不同，它基于持有的加密货币数量来选择创建新区块的节点。权益证明消耗的电量远低于工作量证明，因为它不需要矿工解决复杂的数学问题，降低了对电力的依赖，有助于环保。同时，权益证明不需要较高的计算能力，降低了进入区块链挖矿的门槛，使更多的人能够参与对网络的维护。从激励相容的角度看，持有大量加密货币的用户被认为有更多动机维护网络的安全，因为他们有更多资金需要受到保护。

一些项目正在探索将不同类型的共识算法混合，以综合利用各自的优势。一是工作量证明与权益证明混合。这种模型将工作量证明和权益证明结合在一起，以充分发挥两种算法的优点。通常，工作量证明用于初始分配新货币，而权益证明用于网络维护。二是快速最终性（Finality）算法。这些项目正在研究新的共识算法，这些算法可以更快地确认交易的最终性，从而加快交易处理速度。

此外，区块链项目越来越重视共识算法的治理和改进机制。

项目团队和社区经常升级共识算法，以改进性能、提升安全性和可扩展性。这些升级可能涉及硬分叉或软分叉。一些区块链网络引入了社区投票机制，以便用户可以参与共识规则的制定和改进。

一些项目还引入了治理代币机制，持有者可以通过投票来决定网络的发展方向和共识规则。

共识算法的创新有助于不断改进区块链技术，以满足不断变化的需求。它们提升了性能、减少了能源消耗，并增强了网络的安全性和去中心化程度。共识算法的创新也增强了区块链技术在更广泛的应用中的可行性。

（三）互操作性

互操作性问题的解决将有助于创造更广泛和更有价值的区块链生态系统，促进区块链技术在金融、供应链管理、数字身份验证等领域的更广泛应用。

1. 中继链（Relay Chain）

中继链是一种跨链解决方案，它充当不同区块链之间的桥梁。中继链的关键特点如下。

资产锁定和释放：用户可以将资产在一个区块链上锁定，然后在中继链上生成等值的资产。一旦生成，这些资产可以自由地在中继链和其他连接的区块链之间传输。

交易验证和确认：中继链负责验证和确认跨链交易的有效性，确保没有双重支出和欺诈行为。

互操作性标准：中继链可以制定通用的互操作性标准和协议，使不同区块链能够遵循相同的规则和流程进行跨链交互。

中继链技术的一个重要应用是实现去中心化金融生态系统中不同区块链资产的流动性互通。

2. 原子交换

原子交换是一种去中心化的方式，允许不同区块链上的用户直接交换资产，而无需可信赖的第三方。原子交换的特点如下。

原子性：原子交换协议确保交换是原子性的，要么完全成功，要么完全失败。这意味着没有一方可以欺骗对方。

跨链原子交换：原子交换可以在不同区块链之间发生，用户可以在这些区块链上拥有不同的资产。

智能合约支持：一些智能合约平台支持原子交换，用户可以使用智能合约来执行跨链交易。

原子交换为用户提供了更大的控制权，具备更高的隐私性，因为它们不需要在交易过程中信任中介。

3. 跨链标准化

制定通用的跨链协议和标准有助于增强不同区块链之间的互操作性。一些项目致力于推动跨链标准的制定，以确保不同区块链网络能够更容易地进行互操作。这些标准包括资产表示、交易确认、跨链智能合约等方面的规范。

跨链解决方案的完善有助于不同区块链网络之间的资产和信息无缝流动，有助于创造更广泛和更有价值的区块链生态系统，为不同应用领域提供了更多的可能性，如金融服务、供应链管理和数字身份验证。跨链技术的不断创新将进一步推动区块链技术的普及和发展。

五、小结与展望

区块链技术和智能合约的发展已经取得了显著成效。区块链技术不断演进，采用了分层结构、新一代共识算法和跨链技术等，以提升可扩展性、能源效率和互操作性。随着跨链互操作性的增强，不同区块链网络之间的数字资产和数据流动变得更加容易，为构建更广泛和更有价值的区块链生态系统奠定了基础。

智能合约的标准化和跨链功能的增强使得去中心化应用的开发更加容易，促进了去中心化金融和非同质化通证等领域的创新。同时，智能合约对金融、供应链管理、数字身份验证和文化艺术领域产生了深远的影响，为各种行业带来了更高效、透明和安全的解决方案。

展望未来，我们可以期待区块链技术和智能合约的进一步发展。这些技术将继续推动金融创新、数字资产市场的增长以及供应链和医疗保健等领域的发展。随着可持续性和能源效率的提高，以及法规合规问题的解决，区块链技术的应用领域将更加广泛，为未来的数字化世界带来更多机会和可能性。

全球数字货币的影响

专题八

央行数字货币对金融体系运行的影响

发展 CBDC 是当前各国金融体系变革的重要趋势，根据 IMF 统计，目前全球超过 100 家央行正在探索 CBDC。实现支付系统的现代化是各国央行发展 CBDC 的重要目标。发展 CBDC 有助于重构传统支付系统，提高现代技术增强支付系统的韧性和安全性，进而推动金融基础设施升级。与此同时，CBDC 未来如能广泛应用，将可能演化成为复杂的生态系统，并引起央行运作方式的深层次变化，给经济金融体系带来广泛影响。

一、央行数字货币对支付清算体系的影响

支付清算体系是经济金融活动的基础性支撑。在绝大多数国家，央行是支付清算体系的主导者和管理者。经过多年探索，各国已经形成了各自的支付清算体系，但面对数字货币快速发展的新形势，现有的支付清算体系需要不断调整和变革，以更好地满足数字经济时代新的支付需求。CBDC 有望成为面向金融机构和公众的支付和结算工具，并成为金融基础设施的重要组成部分，与央行现有的支付清算体系协调配合。

目前各国 CBDC 总体仍处于探索初期，尚未形成成熟的模式，各国央行既需要紧跟数字货币发展前沿，同时也要审慎评估数字货币发展后对现有货币和支付系统的影响，特别是在中长期内的潜在影响。目前，CBDC

主要可以分为零售型 CBDC、批发型 CBDC、跨境 CBDC 等类别，不同类别 CBDC 对现有支付清算体系的影响各有不同。

零售型 CBDC 是面向个人用户发行的数字货币。零售型 CBDC 主要用于替代个人用户持有的现金，所以有时也被称为通用型 CBDC。随着个人以现金形式持有货币的需求下降，零售型 CBDC 可以发挥替代作用。在央行资产负债表中，零售型 CBDC 是央行负债的一种数字化形式。从具体实现方式来看，个人用户既能通过在央行直接开户来持有 CBDC，也能以预付卡或其他形式的数字钱包来持有 CBDC。由于零售型 CBDC 涉及个人主体，范围更加广泛，其发行管理需要完善的生态系统，对此不同国家采取了不同的形式。有的国家直接由央行发行和管理零售型 CBDC；有的国家采取多层管理方式，由央行向商业银行提供 CBDC，商业银行再面向个人用户提供支付服务，从而形成央行、商业银行的双层结构，在更开放的条件下，商业银行还可能对接更加市场化的支付服务提供商，为用户提供更加友好便捷的支付服务。

批发型 CBDC 是主要面向金融机构发行的数字货币，一般不对个人用户开放。批发型 CBDC 由央行发行，使用者主要是商业银行和其他各类金融机构，主要被用于银行间支付和证券交易。这些金融机构可以在央行开设批发型 CBDC 账户，类似于它们已经在央行开设的准备金账户。对于金融体系较为完善的发达国家，如果其银行间支付系统已经是高效的实时全额结算系统（RTGS），那么再发展批发型 CBDC 的作用可能不大，因为批发型 CBDC 难以再显著提高银行间支付结算效率。批发型 CBDC 更加适用于需要对金融体系进行现代化改造的发展中国家，它提供了不同于传统 RTGS 的一种新的技术路线和标准化方案。

跨境 CBDC 主要是用于跨境支付的数字货币，它既可以用于零售型支付，也可以用于批发型支付。批发型跨境 CBDC 可以提高跨境的银行间支付效率，是当前跨境 CBDC 应用的热点领域。传统的金融机构跨境支付主要通过代理行实现，多层代理耗时更长、成本更高、风险更大，降低了支付效率。造成这一现象的主要原因是当进行跨境支付时，一国银行在另一国的央行一般没有准备金账户，只能通过在两国都有准备金账户的代理行进行支付。在批发型跨境 CBDC 支付方式中，一国银行可以直接通过批发型 CBDC 向另一国银行支付，资金直接汇往境外，比代理行模式效率更高。零售型跨境 CBDC 允许零售用户跨境汇款，减少了对代理行的需求。应用跨境 CBDC，一国央行需要允许境外实体持有本国 CBDC，这会产生更加复杂的法律合规问题。此外，与传统的跨境支付面临的外汇交易风险类似，跨境 CBDC 的支付也会涉及两国法定货币的兑换，同样难以规避外汇交易风险。

CBDC 的广泛应用将给基础支付体系带来深远影响，主要包括推动支付基础设施创新、拓宽支付供给渠道、增强支付可得性、挑战小国货币主权等。

第一，从支付基础设施看，CBDC 的应用将加快推动支付体系技术创新和数字化转型。CBDC 的良好运行需要有灵活、可扩展、高效的基础设施，以大规模地容纳、验证和支持各类用户，同时保证支付的安全性。相比传统的支付清算体系，CBDC 涉及一系列新技术，如具备可编程性、通过智能合约监控资金用途等。由于 CBDC 可以在离线状态下使用，为了保持支付服务的连续性，实现 CBDC 在线支付和离线支付两种方式的无缝切换是重要的技术要求。在更广泛的基础设施层面，CBDC 的运行需要有稳定的通信网络、较高的金融消费者数字金融素养和风险意识、金融机构较为成熟的技术、活跃的 CBDC 支付生态系统等。

第二，从支付供给渠道看，CBDC 提供了新型支付渠道，可以增强各类支付清算体系的竞争，促进支付效率的提升。支付系统是连接各类金融机构和用户的网络，具有很强的规模经济特征和网络效应，这可能会带来自然垄断。一家或少数几家支付系统寡头对市场有过强的控制力，导致竞争不足、费用过高，产生巨大的社会成本。CBDC 作为新型支付工具，可以提供替代服务，进而增加传统支付系统之间的竞争。只要 CBDC

这一渠道持续可用，即使没有成为主导型的支付渠道，它也能对促进支付系统竞争发挥积极作用。对个人用户而言，随着去现金趋势的增强，CBDC 可以作为现金的便捷替代物，这在大规模疫情、自然灾害等特殊时期具有独特作用。例如，一些西方国家政府在新冠疫情期间采取对居民发放现金的救助政策，对于没有银行账户的居民而言，CBDC 可以有效提升现金分配效率，同时也可以为个人交税和购买政府服务等提供新的支付方式。

第三，从支付需求满足看，CBDC 可以提高支付服务可得性。CBDC 可以通过安全的方式让公众获得数字化形式的法定货币，有助于克服在一些特定场景下，如无网络的支付环境等，商家不愿意接受现金的问题。对于老年人、残疾人等弱势群体而言，CBDC 可以通过设计专门的用户界面，解决相关人群面临的支付难题。CBDC 可以在无账户情况下应用，这意味着用户不需要开设银行账户就能使用，在银行账户普及率较低的国家具有较大的应用潜力，可提高其金融包容性。对于跨境支付需求而言，CBDC 可减少跨境支付的成本。传统跨境支付存在时效性差、手续费高、可得性低、透明度低等问题，有时需要几天才能完成，费用高达交易金额的25%，且很多地方无法获得跨境支付服务，无法确认支付进度和费用流向。BIS 联合若干国家和地区央行开展 CBDC 跨境支付试点项目，例如，破冰船项目（Project Icebreaker）试图将多国的零售跨境支付连接起来，通过一个服务中心连接各国 CBDC 系统，实现不同国家 CBDC 的外汇交易，目前挪威、瑞典和以色列已经参与试点。在破冰船项目中，用户可以选择服务中心提供的任何外汇服务，可以看到外汇提供商以及汇率的具体信息，跨境支付能在一小时之内完成。再如，多边央行数字货币桥项目是 BIS 在批发型跨境支付领域的试点项目，它可以让各国 CBDC 在该系统里交易。由于主要定位于批发跨境支付，交易规模和对外汇需求大，该项目还建立了流动性管理系统，中国、阿联酋、泰国、中国香港等国家和地区货币当局参与其中。2022 年，20 家银行使用 mBridge 平台进行了共计 164 笔支付和外汇交易，交易总额超过 2200 万美元。

第四，从跨境支付体系看，跨境 CBDC 可能会对一国的货币主权带来挑战。跨境 CBDC 提高了跨境支付的便利性，这可能意味着弱势货币国家将更难保持自身货币主权，各国政府对跨境资本流动的有效管理将面临更大挑战。新兴市场国家本国货币的国际地位低，属于弱势货币，在极端情况下，可能出现本国居民将大量本国法定货币兑换为美元、欧元等强势货币的情况。各国央行普遍关注如何在金融危机时期维持对本国法定货币的需求，避免外国发行的 CBDC 冲击本国的支付体系和宏观管理。如果一国国内很大比重的交易不是以官方货币计价的，也不是通过央行货币结算的，那么其货币主权可能被弱化，一些新兴市场国家目前已经开始面临货币替代问题，可能遭受经济损失。

二、央行数字货币对金融业务的影响

CBDC 对金融业务具有广泛的影响，从当前各国的推进进展来看，CBDC 对金融业务的影响主要有两个方面：一是 CBDC 促进普惠金融发展，二是 CBDC 对跨境资本流动产生影响。

（一）CBDC 对普惠金融的影响

根据世界银行的定义，普惠金融是指个人和企业能够获得满足其储蓄、信贷和保险需求的、可负担的金融产品和服务。联合国制定的 17 项可持续发展目标中，普惠金融与其中 7 项目标的实现密切相关。发展普惠金融对于减贫至关重要。世界银行认为，发展普惠金融、提升金融的包容性是减少极端贫困和促进经济繁荣的关键动力。发展普惠金融对金融业务和金融体系有多重影响。普惠金融有助于低收入者获得更好的金融服务，从而改善风险管理、增加储蓄、完善资产管理。普惠金融能够促进中小企业发展和中低收入群体增收，进而促进创业、投资和经济增长。普惠金融能为低收入群体提供更平等的获得金融服务的机会，这有助于促进机会公平，降低收入不平等。普惠金融将更多人口纳入金融体系，从而形成更加广泛的存款基础，可以提升金融体系稳定性。当更多人口进入正规金融体系后，利率等货币政策的变化能够更有效地影响信贷成本、贷款活动和整体经济活动。

普惠金融在全球范围内仍有很大的发展空间。根据 IMF 2021 年调查结果，全球有 14 亿人没有获得正规金融服务。近年来，发展中国家普惠金融的发展状况有所改善[①]，例如，2014—2021 年，使用数字支付的成年人口比重从 35% 增至 57%，从正规金融机构借款的成年人口比重从 15% 增至 22%。新冠疫情进一步促进了数字支付的应用，例如，印度超过 8000 万人在新冠疫情暴发后开始使用数字支付。

CBDC 是促进普惠金融发展的重要工具。提升金融普惠性是各国央行积极推动 CBDC 发展的目标之一，这在低收入国家尤为普遍。BIS 工作论文显示，六成新兴市场国家和低收入国家将普惠金融视为发行 CBDC 的动机之一。全球超过一半国家和地区的央行认为有可能在短期内发行零售型 CBDC[②]，多个国家央行已经启动了 CBDC 试点。

CBDC 在适当的设计下，可以发挥数字现金作用，有助于解决普惠金融面临的问题。传统意义上的现金具有安全性和可信性，它是央行的直接负债，是经济活动中重要的交易媒介。设计良好的 CBDC 可以复制传统现金的有益属性，成为以数字化形式存在的现金。但与传统现金不同的是，CBDC 还需要解决访问难、成本高、隐私保护等问题。

CBDC 可以在没有银行账户的情况下使用，能够克服普惠金融面临的

① Demirgüç-Kunt, Asli, Leora Klapper, Dorothe Singer, and Saniya Ansar. 2022. The Global Findex Database 2021: Financial Inclusion, Digital Payments, and Resilience in the Age of COVID-19. Washington, DC: World Bank.

② Kosse, Anneke, and Ilaria Mattei. 2023. Making Headway - Results of the 2022 BIS Survey on Central Bank Digital Currencies and Crypto. BIS Paper 136, Bank for International Settlements, Basel, Switzerland.

重要障碍。在新兴市场和发展中国家，由于正规金融服务可及性不高，很多人没有开设银行账户，这成为制约普惠金融发展的重要障碍。目前商业化的数字支付工具，如微信支付、支付宝、苹果支付（Apple Pay）等，普遍要求个人拥有银行账户才能使用。在合理的设计下，CBDC作为数字现金，其使用和交易不需要以开设银行账户为前置条件。CBDC可以通过央行直接提供的数字钱包或电信运营商提供的账号使用。作为政府发行的法定货币，CBDC不需要为央行创造利润，因此可能比当前的商业性移动支付服务成本更低。CBDC还可以减少现有零售支付交易链的中间环节，降低市场主体运营成本。

CBDC可以在离线情况下提供线下支付服务，提高偏远地区居民的金融服务可及性。偏远地区居民由于缺乏可靠的互联网或移动连接，难以使用移动支付，更加依赖现金。在良好的设计下，CBDC可以通过射频识别、近场通信或蓝牙网络等方式支持完全离线环境下的交易，且可以在数据服务可及性不高的地区使用。从各国实际推进情况看，CBDC的离线支付功能仍在探索中，尚未被大规模采用，而且需要对可能带来的欺诈、洗钱和恐怖主义融资等违法犯罪行为提供有效应对方案。经设计，CBDC可以在非智能手机或类似公交卡的卡片介质上使用，不需要依赖智能设备。

（二）CBDC对跨境资本流动的影响

跨境资本流动对经济金融管理带来的挑战不断增加。20世纪70年代布雷顿森林体系解体以来，全球金融自由化趋势加快，发达国家和不少新兴市场国家加快推动金融开放，跨境资本流动快速增长，给宏观经济管理和金融运行带来新的挑战。一些国家和地区频繁出现货币大幅贬值、银行破产、债务违约等金融危机。跨境资本流动规模增加是导致金融危机的重要因素，大量资本在不同经济区域之间流动，推动一国居民与非居民之间进行财产所有权交易、贷款等活动。跨境资本流动规模庞大、形态复杂、难以准确监测，对一国宏观经济的正向和负向冲击相互交织。由于各国所处经济周期不同、汇率波动较大，跨境的债权债务关系更容易受到资产价格变化的影响，是各国宏观经济管理长期面临的难题。

监管部门现有的管理手段难以充分应对跨境资本流动带来的风险。长期以来，各国为维护金融市场稳定采取了不同形式的跨境资本流动管理措施（Capital Flow Management Measures），如限制资本转移规模、规定资本用途、基于资本转移者居住地进行管理等。跨境资本流动主要涉及国际收支中的资本与金融账户，既可以仅针对外汇，也可以针对本币的跨境流动。新形势下，中国要加强境内外金融市场互联互通，提升跨境投融资便利化水平，同时还要守住开放条件下的金融安全底线。上述要求需要在跨境资本流动管理中探索新的政策管理工具，CBDC 在未来有望发挥积极作用。

CBDC 在适当设计下有望成为监管部门管理跨境资本流动的有效工具。根据 IMF 对 CBDC 的设想[①]，CBDC 在设计框架上可充分考虑跨境资本流动管理需求，引入相关功能，助力提升跨境资本流动管理的效率。一是将智能合约引入跨境资本流动管理体系。将跨境资本流动管理所需的底层规则和算法嵌入 CBDC 设计中，在 CBDC 的生态体系内实现跨境资本流动的自动化监测和管理。它可以根据预设规则自动执行指令，如自动验证跨境交易是否符合跨境资本流动监管要求。智能跨境资本流动管理的算法被嵌入在 CBDC 的底层区块链系统中，可通过编码实现。CBDC 还可以通过适当的设计，在管理体系中纳入跨境宏观审慎监管的政策要求。

CBDC 可以在央行、跨境平台、用户三个层面开展跨境资本流动管理。其中，央行层面由发行 CBDC 的央行控制，适合资金规模大、信息复杂度

[①] Dong He, Annamaria Kokenyne, Tommaso Mancini Griffoli, Marcello Miccoli, Thorvardur Tjoervi Olafsson, Gabriel Soderberg, and Herve Tourpe, Capital Flow Management Measures in the Digital Age: Design Choices for Central Bank Digital Currency, IMF NOTE/2023/009.

高、实时性要求强的跨境资本流动。跨境平台层面主要是提供跨国金融服务的金融机构，它涉及多国之间不同 CBDC 系统的连接和转换。用户层面主要针对零售型 CBDC 进行管理，通常由支付服务提供商维护，适用于信息要求较少的跨境资本流动。三个层面协同配合有助于实现高效安全的跨境资本流动管理。

在上述三个层面实施跨境资本流动管理各有利弊。在央行层面实施跨境资本流动管理，会增加其运行成本，但优势是可以提供更迅速的资金管理，开展全面精准的监管控制。在用户层面或跨境平台层面，部分成本转由金融机构或支付服务提供商承担，央行的监管成本会相应减少。在实际情况中，三个层面并存的混合式跨境资本流动管理更具可行性，央行制定规则，允许特定金融机构在跨境平台层面或用户层面实施跨境资本流动管理，如信息要求低和宏观影响小的资本流动，同时在央行层面保留对大额实时结算和信息密集型跨境资本流动管理的直接控制。

对于多币种 CBDC 的跨境资本流动监管问题需进行前瞻性考虑。从长期看，如果未来大多数国家都推出 CBDC，将会产生多币种之间的协同管理问题。CBDC 发展较快的背景下，跨境资本流动监管体系需要能够容纳多币种 CBDC。对于外国 CBDC 可在本国自由流通的情况，一国监管部门对跨境资本流动管理的权限相对较小，需要加强与发行 CBDC 的外国央行的合作，以提升跨境资本流动管理的有效性。对于外国 CBDC 不能在国内流通、但本国居民可在一定条件下持有的情况，本国监管部门可以通过三方面措施开展跨境资本流动管理：一是与发行 CBDC 的外国央行合作管理；二是将传统的跨境资本流动管理措施应用于外国 CBDC；三是对在本国提供外国 CBDC 服务的跨境平台开展管理，如管理其开展 CBDC 相关业务的资质、统一不同国家 CBDC 在国内服务的标准等。

三、央行数字货币对金融结构的影响

CBDC 是央行的直接负债，其发展可能引发一定程度的金融脱媒，对各类银行机构以及非银行金融机构的影响存在差异，会推动金融结构的调整。

（一）CBDC 对金融脱媒的影响

CBDC 可能对金融体系带来多方面影响，核心问题是 CBDC 是否会导致金融脱媒。由于目前 CBDC 尚未大规模应用，关于其对金融脱媒的影响的讨论主要停留在理论层面，没有经过充分的实践验证。CBDC 导致金融脱媒的一个重要原因是央行的信用比商业银行更高。CBDC 大规模发行流通后，部分居民通过商业银行持有货币的意愿可能降低，转而通过信用更高的央行、以 CBDC 的形式持有货币。特别是，可基于账户的 CBDC 允许居民等直接在央行开设和使用账户，商业银行可能面临客户流失风险，甚至成为专门从事信贷服务的银行，业务范围和形态将出现明显萎缩。如果数字货币大量替代现金，会导致商业银行的现金业务、物理网点作用弱化，金融脱媒速度加快，给商业银行的传统经营模式带来挑战。公众习惯持有 CBDC 后，银行挤兑速度可能会更快、传播更广，冲击银行的流动性管理。如果零售型 CBDC 有良好的使用设计方案，这种转变将更加快速。不少发达国家央行对 CBDC 的发展持审慎态度，一个重要原因是担心引入 CBDC 会冲击现有金融体系，加速金融脱媒，影响金融稳定。

从技术路线看，CBDC 普遍采用或借鉴了区块链技术，其核心是去中介化，这也会加剧金融脱媒效应。从公开信息看，各国央行目前开展的 CBDC 试点大多采用区块链作为底层技术。区块链以分布式账本作为底层架构，采取去中心化模式，实现了点对点之间的两两互联，避免了中心化的清算过程，因此会降低金融中介机构存在的必要性，技术上会推动金融脱媒。区块链技术具有去中心化存储、不可篡改、公开透明、可追溯验证等特质，设立加密交易的数字分布账本，每个节点都与其他节点同步连接，以防止被篡改，新的节点一旦建立，会在链内进行复制，并通过智能合约所确定的规则解决区块链中产生的问题。未来随着区块链技术认证成本和网络成本的降低，去中心化交易网络的运行成本会更低，这有助于加快金融脱媒进程。

上述关于 CBDC 对金融脱媒的影响更多是理论层面的推理，但实际上，CBDC 对金融脱媒的影响程度，取决于 CBDC 带来的收益能否超过金融脱媒所带来的负面影响。英格兰银行、欧洲央行等积极探索 CBDC 的央行和国际机构，都认为应该通过上述标准判断 CBDC 的影响[1][2]，并在 CBDC 试点和改进过程中逐步检验。例如，一旦 CBDC 导致大规模的金融脱媒，其负面影响是扭曲金融体系，央行在吸收存款方面的优势扩大，但在提供贷款方面又存在劣势，因为央行在信贷配置方面不如商业银行效率高，这会带来效率损失和利益冲突。

中国人民银行明确数字人民币采用双层运营模式，不直接面对公众，仍然由商业银行发挥重要渠道作用，这种模式有助于控制数字货币对金融脱媒的影响。根据中国人民银行《中国数字人民币研发进展白皮书》，数字人民币采用的是双层运营模式，中国人民银行负责数字人民币发行、注销、跨机构互联互通和钱包生态管理，审慎选择在资本和技术等方面具备一定条件的商业银行作为指定运营机构，牵头提供数字人民币兑换服务。发行 CBDC 的双层架构与目前货币发行结构一致，由商业银行处理与零售客户的所有通信、交易以及与其他商业银行之间的支付信息，央行进行最终的大额清算。

---

① BOE. 2020. Central Bank Digital Currency: Opportunities, Challenges and Design. Discussion Paper. Bank of England.

② ECB. 2020. Report on a Digital Euro. Europen Central Bank.

与双层运营模式相对的是单层运营模式。在单层运营模式下，央行直接发行数字货币，并提供面向公众的服务。单层运营模式有利于央行密切监管，但央行也需要承担目前由市场机构所从事的服务工作，如客户信息收集、风险控制、支付网络体系建设等。实际上，央行在提供上述服务方面相对商业银行等市场化机构的成本高、竞争力弱。即使央行将一些面对客户的市场服务外包给商业银行，也会产生一系列新的风险和问题，降低支付系统效率。

（二）CBDC 对不同规模和发展阶段国家金融体系的影响

处在不同规模和发展阶段的国家，发展 CBDC 对其金融体系的影响侧重点有较大差异。根据 BIS 统计，尽管全球大多数国家央行都积极推动 CBDC 的研发和试点，但仍有少数国家对 CBDC 的发展没有明确计划。目前对 CBDC 采取完全不关注态度或关注度不高的国家，主要是较小的经济体或面临金融稳定、债务压力等更紧迫问题的国家。此类国家央行表示，它们依赖国际组织（特别是 BIS）或区域性网络开展的 CBDC 研究。例如，加勒比地区规模较小的国家，普遍希望通过加勒比共同体金融科技咨询工作组（CARICOM Fintech Advisory Work Group）推动 CBDC 工作。

多数国家普遍认为发展 CBDC 有助于提升金融安全性和支付体系运行效率，对推动 CBDC 发展更为积极。根据 BIS 统计，在推进 CBDC 发展的央行中，一半以上同时推进零售型 CBDC 和批发型 CBDC 发展，大约三分之一只推进零售型 CBDC 发展，八分之一只推进批发型 CBDC 发展。2019年，全球约有 50% 的央行已经进入开展试验或操作性验证阶段，以测试新技术，相比 2017 年增加了 15 个百分点。发达经济体央行大多使用分布式账本技术来建设新的批发支付系统，例如，加拿大央行的 Jasper 项目、新加坡金融管理局的 Ubin 项目以及南非储备银行的 Khokha 项目等。一些央行相互协作，开展跨境支付和证券结算安排，如欧洲央行和日本央行开展的 Stella 项目等。

处于不同经济发展阶段的国家，其央行对 CBDC 所带来影响的认识不同。对于通用型 CBDC，新兴市场国家央行更看重国内支付效率提升和普惠金融发展，对提升跨境支付效率的重视程度不高。相比之下，对发达经济体央行而言，促进支付安全和金融稳定是未来发行 CBDC 的主要动力，普惠金融则不是重要动力。对新兴市场国家的央行而言，支持数字化发展、融入非正规经济和打击金融犯罪，是未来发行 CBDC 的关键动力。

发展 CBDC 可能影响现金流通，是各国央行考虑的重要方面。零售型 CBDC 与现金流通有密切联系，CBDC 的大规模应用也会进一步减少现金使用。对于批发型 CBDC 而言，其他因素更加多样和全面，包括更好地监控交易，以及为最终用户提供安全保障和提高效率。一些发达经济体更希望通过发展 CBDC 创造一个"更少现金"（less-cash）甚至"无现金"（cash-less）社会。

各国央行对于 CBDC 发展前景及其影响的看法可以分为短期和中期两类。根据 BIS 2020 年的调查，在短期内（3 年内），超过 85% 的央行认为需要保持对 CBDC 的密切跟踪和探索，但这与实际发行 CBDC 的情况仍有较大差距，基本没有央行选择优先发行批发型 CBDC，少数新兴市场国家的央行考虑发行零售型 CBDC。在中期内（6 年内），更多的央行认为有可能会发行零售型和批发型两种类型的 CBDC，但部分央行仍然认为 CBDC 的大规模应用面临诸多挑战和制约因素，选择发行批发型 CBDC 的央行数量要少于发行零售型 CBDC 的央行数量。总体而言，尽管零售型 CBDC 操作复杂程度更高，对金融系统的影响更大，但大多数参与调查的央行认为发行零售型 CBDC 能发挥的作用更大，而且批发型 CBDC 和零售型 CBDC 具有很多共性特点，可以考虑共同推进。

专题九

央行数字货币对货币政策的影响

CBDC 是数字化的主权货币，由央行发行，是基础货币的组成部分，构成央行的直接负债。CBDC 与流通中的现金有较强相似性，根据货币统计制度，流通中的现金是非银行金融机构和居民持有的纸币和硬币，是反映货币供应量的重要指标。此类货币可随时作为流通手段和支付手段，具有最高的流动性。数字货币出现后，CBDC 将成为新形式的基础货币，流通中的现金的范围也将随之改变。CBDC 对货币政策的可能影响，是当前主要国家和地区央行在 CBDC 政策评估和方案设计中考虑的重点。如果 CBDC 未来可实现大范围应用，它既可以为货币政策提供新的工具，也将通过多重机制影响利率、信贷和金融机构资产负债情况，对货币政策带来影响。

一、央行数字货币影响货币政策传导的主要渠道

货币政策传导主要包括利率、信贷、资产价格和汇率四个渠道。具有不同设计特征的 CBDC，对货币政策影响的渠道和重点各有不同。在某些特定情况下，不同特征的 CBDC 可能会对货币政策传导产生相反的影响。根据 IMF 的分类研究[①]，CBDC 对货币政策传导机制的影响主要可以归纳为

① Das, Mitali, Tommaso Mancini Griffoli, Fumitaka Nakamura, Julia Otten, Gabriel Soderberg, Juan Sole, and Brandon Tan. 2023. "Implications of Central Bank Digital Currencies for Monetary Policy Transmission." IMF Fintech Note 2023/010, International Monetary Fund, Washington, DC.

几个方面。

第一，在利率渠道方面，如果 CBDC 加剧金融脱媒，则会强化商业银行对存款的竞争，这有助于增强货币政策通过利率渠道的传导。货币政策的利率传导渠道，是指央行通过调整政策利率来影响经济整体利率水平，进而调控市场主体的信贷需求。利率是资金的价格，利率变化引起了借贷成本变化，推动市场主体对当前和未来的消费进行重新配置。当商业银行面临存款流失压力时，银行之间的竞争更加激烈，大型银行对存款市场的影响力减弱，从央行政策利率到银行存款利率的传导会更加有效。在其他条件相同的情况下，随着银行业竞争的加剧，利率传导可能更加顺畅，不仅存款利率随之变化，贷款利率也会对政策利率更加敏感。

第二，在信贷渠道方面，批发型 CBDC 的广泛使用会改变银行的资产和负债结构，同业资金在银行资产负债表中的比重可能增加。批发型 CBDC 主要面向金融机构使用，将会提高同业资金在银行资金来源中的作用。对比来看，同业资金对利率的敏感性更高，且一般会高于来自居民的零售存款对利率的敏感性，这将增强央行政策利率对银行资金成本的传导效应。此外，银行资产负债表结构中同业资金占比提高，叠加金融脱媒带来的商业银行利润率下降，会激励商业银行在加息周期更积极地提高信贷利率，通过信贷渠道对实体企业的融资成本产生影响。

第三，在资产价格渠道方面，当政策利率影响储蓄、股票和房地产等资产价格时，货币政策就会通过资产价格渠道发挥作用。货币政策紧缩一般会加大资产价格下降压力，抵押物价值缩水会降低财富效应，影响个人和企业的投资决策。零售型 CBDC 的发展，有助于推动普惠金融发展，提升金融包容性，这可能会增强货币政策通过资产价格渠道的传导效应。金融包容性提升后，更多个人被纳入正规金融体系，开设银行账户或从银行获得贷款，这会扩大货币政策所影响的个人和家庭范围。例如，个人更多使用零售型 CBDC 后，商业银行能更好掌握个人客户的资产情况，当政策利率发生变化时，其对跨期消费和储蓄决策的影响将更加明显，这实际上是通过利率和资产价格渠道强化了货币传导效应。

第四，在汇率渠道方面，央行政策利率调整会影响汇率，汇率又进一步影响贸易和投资，从而传导至实体经济。当货币政策收紧时，一国实际利率上升，该国存款相比其他国家的吸引力增强，在资本自由流动情况下，这会激励境外资本流入，该国货币同时也会面临升值压力，进而降低该国出口竞争力，对贸易产生影响。跨境 CBDC 的应用，将通过汇率渠道影响货币政策传导。例如，设计良好的 CBDC 有可能增强一国的货币主权，激励企业和居民更多使用本国货币，这对于货币处于弱势地位的小型经济体特别是美元化程度高的国家，影响可能更突出，它有助于稳定本国货币汇率，增强货币自主权。

二、央行数字货币对货币政策的影响与其设计特征密切相关

CBDC 对货币政策传导的净影响难以完全确定，在有些情况下它会增强货币政策传导效应，在其他情况下则会减弱货币政策传导效应，这取决于 CBDC 自身的设计特点以及其他多重因素。当前国内外重点关注 CBDC 设计的三个特点及其对货币政策的影响，包括 CBDC 是否计息、公众持有 CBDC 金额是否存在上限、外国 CBDC 能否在本国流通。

首先，CBDC 是否计息对公众使用意愿有很大影响，这会改变 CBDC 对货币政策传导效果的影响幅度。计息的 CBDC 本质上是一种安全性高、流动性强、有收益的资产，发行计息的 CBDC 可以满足短期安全资产需求，并将降低隔夜票据和短期国债等其他同类资产的吸引力。对于计息 CBDC，其利率如何确定是重要问题，利率可变的计息 CBDC 可以作为专门的货币政策工具，增加货币政策的灵活性，并对其传导效果产生更大的影响。如果数字货币不计息，零利率将成为货币政策利率调整的下限，会导致负利率政策难以实施。计息 CBDC 可以支持负利率政策，扩大货币政

策空间，在低利率时期设定负的政策利率使货币政策更加宽松。虽然持有现金是零利率的，但只要获取和持有大量现金存在一定的摩擦成本，那么负利率 CBDC 仍能发挥作用。

其次，限制 CBDC 持有上限，会影响 CBDC 使用的深度和广度，进而改变货币政策的传导效果。如果个人持有 CBDC 没有数量上限，那么在极端情况下，存款可能大量转换为 CBDC，这会加剧存款搬家和金融脱媒。如果发行 CBDC 采取不计息模式，在不限制公众持有 CBDC 上限的情况下，负利率政策更难以实施，因为公众会将负利率的存款转换为零利率的 CBDC，从而规避负利率政策。相反，如果对公众持有 CBDC 的数量进行有效限制，上述负利率政策难以实施的问题则能够避免。从金融体系角度看，在不限制 CBDC 持有上限情况下，如果 CBDC 大量替代存款，央行资产负债表的规模可能会大幅扩大，商业银行资产负债表规模则会相应萎缩。央行资产负债表规模扩大后，其对政府债券的需求可能会增加以进行资产配置。当央行购买债券的规模足够大时，将进一步影响债券收益率，对市场利率造成影响。上述影响机制，在低利率环境和金融市场面临较大压力时会更加显著。

最后，外国 CBDC 在本国流通将对货币政策带来溢出影响。如果一国允许外国 CBDC 在国内流通，可能会增加货币替代的风险。如果一国个人或企业广泛持有和使用外国 CBDC，那么该国货币政策的有效性将严重受限。这对于新兴市场国家和小型经济体是重要挑战，由于其国内通货膨胀压力较大、维持币值稳定较难，这一问题将会更加突出。上述问题可以通过限制外国 CBDC 的使用来缓解，如设定持有或交易外国 CBDC 的上限等。CBDC 的跨境使用还可能放大宏观调控政策的国际溢出效应，大量使用外国 CBDC 可能会削弱货币政策传导性和自主性。从货币发行国角度看，如果一国 CBDC 在境外被大量持有和使用，那么该国央行资产负债表规模可能会因外部需求的变化而出现大幅波动，这会对市场流动性和资产价格产生潜在影响，进而影响金融稳定，增加央行制定货币政策的复杂性。

三、美联储对央行数字货币影响货币政策的评估

美联储目前对数字美元的研究和评估主要集中在两方面。一是数字美元的技术试验，已经开展的试验案例包括：集成现有技术和系统构建虚拟的数字美元，评估其应用潜力和对现有基础设施的影响；利用区块链等新技术开展数字美元设计；波士顿联邦储备银行与麻省理工学院合作开发替代平台，将分布式账本技术用于批发支付；研究使用分布式账本技术支持银行间结算；使用应用程序接口（API）探索支持数字美元和私人数字货币的对接；亚特兰大联邦储备银行与佐治亚州立大学合作研究利用暗网数据减少金融欺诈；推进数字美元安全性、可编程性、互操作性方面的标准制定。二是数字美元的经济和政策影响评估，重点研究数字美元对隐私保护和货币政策的影响，以及如何设计数字美元以支持普惠金融和推动数字支付应用等。此外，为推动数字美元国际合作，2020 年美联储与 BIS 和其他 6 家央行合作制定了数字美元需要遵循的基本原则。

数字美元对货币政策的影响是美联储关注的重点。由于目前美国没有实质性推出数字美元，相关讨论主要是在美国现行的货币政策框架下，研究数字美元对货币传导机制的可能影响。2022 年美联储发布《货币与支付：数字化转型时代的美元》，将数字美元定义为公众可以广泛使用的、数字化的央行负债，它在本质上是美元纸币的数字化形态。数字美元作为美联储的负债，不需要存款保险等机制来维持公众信心，也不依靠基础资产来维持其价值。数字美元是安全的、向公众开放的数字资产，没有相关的信贷或流动性风险。虽然美联储目前还没有明确是否推出数字美元，但《货币与支付：数字化转型时代的美元》探讨了数字美元的可能特点和影响，对于数字美元对货币政策的影响，主要关注以下方面。

美国货币政策框架的主要特点是以联邦基金利率为货币政策目标，主

要关注利率，货币供应量更多是作为调控的中间变量。因此，评估数字美元对美国货币政策的影响，需要重点研究其对联邦基金利率的影响。在该框架下，美联储不需要对货币供应数量进行积极管理，主要通过调整联邦基金利率和其他短期利率，来引导市场利率变化。流通中的现金、商业银行准备金等货币供应量指标的波动，对联邦基金利率和其他短期利率水平的影响较为有限。

在此框架下，引入数字美元后美国货币政策的变化，主要通过商业银行准备金数量渠道实现。在对数字美元不进行计息的情况下，公众对数字美元需求量的变化可能会与商业银行准备金、现金、隔夜回购资产等存在相同的变化趋势，因为这些都是流动性高、零利息或低息资产，互相替代性强。在此情况下，如果数字美元需求量下降，资金可能流向商业银行准备金等其他类似资产，金融体系内的流动性总体变化不大，只是分布出现变化，这对联邦基金利率水平的影响可以忽略。在对数字美元进行计息的情况下，数字美元对货币政策的影响将更加直接，影响机制也更复杂。如果数字美元的计息水平与其他安全资产相似，那么公众对数字美元的需求可能很高，波动性也会更大。个人和企业可能会减少银行存款、国债和货币市场投资，并增持数字美元。

2008 年国际金融危机以来，美国银行业实施充足准备金制度，准备金的存量规模较大，这可以缓冲数字美元对货币供应量可能带来的冲击。在引入数字美元后，如果商业银行准备金的初始规模足够大，可以提供充足的缓冲，公众持有的数字美元增加会带来准备金规模的相应减少，因此货币供应量总体变化有限，对联邦基金利率的影响也会很小。从长远来看，美联储可能需要进一步扩大其资产负债表的规模，以适应数字美元的增长趋势，这类似于发行越来越多流通中的现金对央行扩表的影响。此外，在极端情况下，为减缓数字美元对央行资产负债表规模的冲击，美联储可能需要进一步提高充足准备金的标准，以应对数字美元数量超乎预期的增长。否则，数字美元使用量的激增可能导致银行准备金大量流出，低于现行的准备金充足率水平，给联邦基金利率带来上行压力。

美元是国际货币，数字美元的境外流通使用将对美国货币政策带来额外影响。在此情况下，如果其他国家对数字美元的需求量较大，会对美国国内的货币政策带来回溢效应。美元利率和其他市场因素的变化，也会显著影响美国国内外对数字美元的需求。为了保持充足的货币政策调控能力，美联储可能需要大幅增加其证券持有量，这会给美联储储备资产管理和货币政策实施带来新的挑战。除了数字美元对美联储储备资产和商业银行准备金管理的影响外，计息数字美元将对家庭和企业的投资决策带来影响。如果广泛使用计息 CBDC，将对银行存款和贷款决策带来冲击。这些因素都会影响货币政策对实体经济传导的效果。

数字美元是否会冲击美元的国际货币主导地位，是美联储关注的重要风险点。美联储认为发行数字美元可能有助于保持美元的国际主导地位，因为设计良好的数字美元可以促进美元在更广泛的国际范围内用于支付和投资。美元国际地位的进一步提高，既有助于增强美国在全球经济金融治理中的作用，也可以降低美国居民、企业和政府的借贷成本。此外，全球多个国家和地区，包括欧元区、英国、中国竞相探索数字货币，这对美联储构成很大挑战。数字货币领域的国际竞争，迫使美联储更主动地探索数字美元，因为如果美国在数字美元方面落后，可能会缩减未来美元在国际上的使用规模，进而影响美元国际地位，给其他货币赶超美元国际地位带来机遇。

此外，由于美元具有国际主导货币地位，数字美元在设计上将具有可验证身份的特征。美联储明确未来的数字美元不会具有匿名性，可以对使用者进行身份验证，主要目的是打击洗钱和恐怖主义融资。因此，如果数字美元大范围应用，美国的金融机构将会在相关业务方面受到严格约束，需要验证数字美元使用者的身份，这与当前银行需要验证客户身份是相似的。

四、英格兰银行对央行数字货币影响货币政策的评估

数字英镑是英国的 CBDC。英国央行英格兰银行负责数字英镑的设计和研发，但其尚未决定是否推出数字英镑。根据英格兰银行公布的"数字英镑"路线图，2025 年之前是数字英镑的研究和设计阶段。如果英国政府最终决定推出数字英镑，则数字英镑预计在 2030 年面世。2006—2018 年，现金支付在英国全部支付方式中的占比从 63% 降至 28%，借记卡支付的占比则从 10% 左右提高至接近 40%（见图 9-1）。在此背景下，英格兰银行2020 年公开发布了关于数字英镑的讨论文件，提出要开发适应数字化时代需求的货币形式。它将数字英镑定义为最安全、值得信赖的、向公众提供的电子货币形态，是英镑纸币的重要补充。考虑推出数字英镑的主要目的是适应现金使用量不断下降的趋势，在数字化时代确保公众能够获得央行发行的无风险货币。数字英镑的设计要有助于为英国居民和企业提供富有弹性和有竞争力的支付方式。英格兰银行认为数字英镑在带来机遇的同时，可能会给维持货币和金融稳定带来重大挑战，因此对是否引入数字英镑仍需要谨慎评估。其中，数字英镑对货币政策的影响是需要考虑的重要问题。

根据英格兰银行的定义，数字英镑是一种供零售使用的央行货币的电子形式。这意味着目前英格兰银行在推进数字英镑时主要考虑零售型CBDC，而非批发型 CBDC。从英格兰银行资产负债表看，2021 年英国流通中的纸币总额约为 870 亿英镑，准备金余额约为 8270 亿英镑。根据英国金融行为监管局（FCA）的统计数据，英国以电子形式发行的货币已经存在了十余年，其发行者大多是电子货币公司，需要定期向 FCA 提交监管数据。数据表明，截至 2021 年，英国发行的电子货币基金为 97 亿英镑，已超过流通纸币的十分之一，但市场主体发行的电子货币无法达

到与商业银行资金相同的信用水平，存在潜在风险，因此有必要加强央
行数字货币的评估和研发。

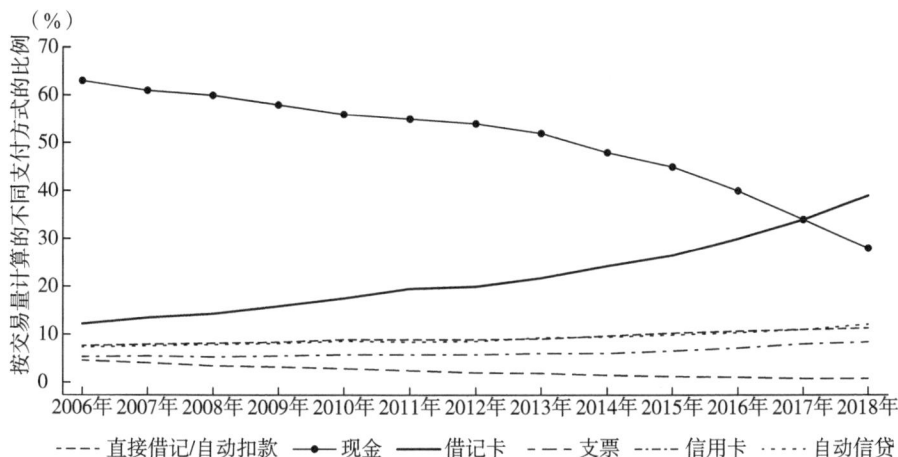

图9-1　2006—2018年英国支付结构变化情况

资料来源：https://www.bankofengland.co.uk/paper/2020/central-bank-digital-currency-opportunities-challenges-and-design-discussion-paper。

　　数字英镑的出现可能会影响英格兰银行的利率控制框架。英国货币政
策主要通过设定商业银行在央行持有准备金的利率来实施。央行准备金是
商业银行的最终结算手段，会影响银行在货币市场上借贷的意愿。在货币
市场，英格兰银行向商业银行放贷，商业银行和其他金融机构之间也互相
放贷。由于2008年国际金融危机以来英国实施量化宽松政策，英格兰银
行大量购买资产，目前其资产负债表规模处于历史高位。当英格兰银行开
始缩表、减少资产存量时，在准备金减少的情况下，商业银行存款可能更
多流向由央行准备金支持的数字英镑，这会迫使商业银行更频繁地在货币
市场借贷，并导致市场利率波动加剧。因此，引入数字英镑后，英格兰银
行可能需要考虑修改利率控制框架。

　　如果采取计息模式发行数字英镑，并提供挂钩银行利率的存款利率，
它有助于增强基准利率向银行贷款利率的传导。货币市场利率的变化会传
导至更大范围的利率，对不同市场和不同期限结构的利率带来影响。进一

步看，如果数字英镑推出后，商业银行面临金融脱媒压力而出现资金成本上升现象，它可能倾向于提高贷款利率来弥补收入损失，这会提高实体企业融资成本。数字英镑不会从根本上改变商业银行在央行的存款准备金利率和信贷价格之间的联系，但可能会改变这种联系的强度，特别是影响商业银行资金端的组合。随着存款转移到数字英镑，商业银行在资金来源上可能更多依赖同业资金等批发型业务。

专题十

私人数字货币对金融体系运行的影响

私人数字货币是当前全球数字货币发展最为活跃的领域之一。相比CBDC，私人数字货币由市场力量主导，发展更为迅猛，市场波动大，参与者更加多元化。私人数字货币已成为投资者资产配置的重要领域，给金融稳定和金融消费者保护带来新的挑战。实际上，CBDC近年来快速发展，在一定程度上也受到私人数字货币发展的驱动和影响，二者在技术基础上有不少共性。从政策环境看，私人数字货币助推各国央行更加重视CBDC，其中，脸书2019年宣布推出私人数字货币Libra是标志性事件，它作为挂钩美元等国际货币的稳定币，可能直接挑战现行国际货币体系，因而成为推动美联储改变对数字货币政策取向的重要因素之一，同时也对欧洲央行等其他大型经济体央行的数字货币发展战略带来冲击。虽然Meta 2022年放弃加密货币业务，但其在私人数字货币领域发展历程中仍具有重要意义。

一、私人数字货币的主要类别

目前全球共有超过20000种数字货币，有20000多个交易市场，平均日交易额超过1100亿美元。由于大多数国家CBDC仍处于试点和探索阶段，上述交易额主要来自私人数字货币交易。截至2024年9月，全球私人数字货币总市值超过 2.2 万亿美元，约为三年前的 3 倍，其中，比特币占比约为 55%，以太坊占比约为 13%。数字货币市场规模的扩大会对一国乃至全球金融体系产生诸多影响，特别是作为一种投资工具，数字货币波动性大，风险高，对其他金融市场具有连带性影响。私人数字货币内在价值不稳定，可在全球范围内交易和跨国转移，对各国金融保持稳定存在较大影响。私人数字货币匿名属性强且难以直接调控，如果在经济中的流通规模扩大，可能会影响经济政策效果。

私人数字货币主要可以分为非稳定币和稳定币两大类别。非稳定币缺乏价值基础，比特币、以太坊等非稳定币的典型代表，都存在货币属性低、价格波动大等问题，主要作为投资品或投机对象，很少在实际交易中作为支付工具使用，与发挥货币职能还有很大距离。例如，比特币最初价格低于 0.001 美元，而价格最高时则超过 70000 美元，经常出现暴涨暴跌情况，短期价格跌幅多次超过 50%。为克服非稳定币内在价值不确定、价格波动大的问题，市场上出现了稳定币。

稳定币是一种特殊类型的加密货币，其价值挂钩美元、欧元等法定货币或黄金等资产，价格波动更小，稳定性更强（见表 10-1）。稳定币既具有加密货币的即时处理性和安全性，又具有法定货币的稳定性。与比特币相比，稳定币信用更高，市场接受度更强。目前市场上主要的稳定币是泰达币和 USDC，二者均为挂钩美元的货币，其中，泰达币总市值已超过 1000 亿美元。此外，脸书公司利用其 27 亿全球用户的网络优势，曾计划推出稳定数字货币 Libra，最终因各国监管部门反对等而终止，但其对全球 CBDC 的发展产生了深远影响。长期来看，稳定币挂钩主权货币，币值稳定、交易活跃，未来可能会对国际货币体系变革产生更深远的影响。

表10-1 私人数字货币的主要类别

名称	总市值（亿美元）
挂钩美元的稳定币	
USDT	1110
USDC	330

续表

名称	总市值（亿美元）
DAI	50
其他挂钩美元的稳定币	100
挂钩欧元的稳定币	
STASIS EURO（EURS）	0.13
EURC（EURC）	0.04
Euro Tether（EURT）	0.04
其他挂钩欧元的稳定币	0.03
挂钩其他法定货币的稳定币	
Brazilian Digital Token（BRZ）	0.2
BiLira（TRYB）	0.03
GYEN	0.01
其他挂钩非美元、非欧元法定货币的稳定币	0.04
非稳定币	
比特币	13000
以太坊	3000

资料来源：作者根据公开资料整理。

注：表中数据为截至2024年5月数据。

当私人数字货币仅作为投资工具时，无论是稳定币还是非稳定币，其影响主要是给金融市场波动带来冲击，并加大反洗钱、跨境资本流动管理等金融监管的难度。对此类情况，美欧等国家和地区允许私人数字货币交易，将其纳入现有金融市场监管范围，利用监管沙盒等途径开展局部测试，快速识别和应对其风险，通过加强监管将其影响控制在一定范围内。但是，当私人数字货币具有较强货币属性后，可能会形成对法定货币的替代，给当前全球金融格局带来颠覆性影响，这也是多个国家和地区金融监管部门对稳定币加强监管甚至禁止的主要原因。其中，脸书公司的稳定币 Libra 从设想提出到根据各国监管部门要求多次修改，再到最后放弃的过程，深刻反映了稳定币对经济金融体系可能带来的巨大影响。

二、非稳定币对经济金融体系的影响

一是对金融稳定造成不利影响。私人数字货币缺乏内在价值根基，价格波动大，市场稳定性弱。根据市场机构统计数据，2020—2021 年比特币价格快速上涨约 5 倍，2022—2023 年其价格又快速下跌超过 70%，反复出现快速、剧烈的价格波动。如果个人广泛参与其中，将面临巨大投资风险，很可能成为金融风险的重要源头，并向其他金融市场传染。研究显示，比特币的波动性是股票市场的近 30 倍，这使得比特币投资相对于股票市场来说具有较高的风险。私人数字货币具有高度投机性，市场流动性差、价格波动大，投资者在私人数字货币交易中的权益难以得到保障。

二是成为金融风险的重要来源。私人数字货币作为投资品，存在风险高且传染迅速的特点。私人数字货币是在互联网环境下出现和发展的，其投资者主要通过网络平台聚集，不存在空间的限制，能够跨地区和跨国家交易，一旦出现风险，就可能产生跨地区和跨国的溢出效应。私人数字货币交易网络外部性强，容易出现羊群效应。数字货币的广泛使用反映了公众的信任水平，如果一种私人数字货币在大范围内被认可和接受，其用途将会迅速扩大，可能从投资品转变为支付手段，具备更强的货币职能。

三是给各国反洗钱和金融监管带来新的挑战。私人数字货币凭借脱离传统银行和第三方中介、低成本的快速跨境流通、匿名加密等独特优势，已经成为非法交易和洗钱的主要渠道。一些私人数字货币交易成为规避反洗钱和跨境资本流动监管的新工具，加剧金融风险。据统计，2019 年相关犯罪活动占全球加密货币总交易量的比重约为 2.1%，产生超过 200 亿美元的资金转移。美国财政部、证券交易监督委员会、商品期货交易委员会等监管机构都曾多次提醒投资者谨慎考虑比特币和比特币期货市场的波动，以及比特币市场缺乏监管和存在欺诈或操纵行为的可能性。由于法律法规缺失、监管不完善，私人数字货币市场总体较为混乱，存在较大的欺诈和操纵的风险，容易产生内部交易、蓄意操纵价格等现象。

四是存在对法定货币的替代风险。这在小型经济体、货币币值不稳定的国家尤为突出。根据欧洲央行相关报告，如果私人数字货币被广泛接受，在极端情况下，它可能会对法定货币产生替代效应。如果私人数字货币大量替代本国的法定货币，会缩小央行资产负债表规模，削弱央行影响短期利率的能力。虽然截至目前，私人数字货币的交易和流通规模相对有限，不足以对一国货币产生明显的挤出效应，但在理论上，私人数字货币存在承担法定货币职能的可能性，随着未来技术和运行机制的升级，私人数字货币成为流通手段和支付手段的潜力不断增强。例如，特斯拉创始人兼首席执行官马斯克 2021 年曾宣布特斯拉会支持使用比特币来支付购车费用，这意味着比特币将成为一般等价物和支付手段。实际上，比特币价值波动大，难以在实际交易中使用，但如果未来出现价值稳定的私人数字货币，其仍存在替代法定货币成为交易媒介的可能。

三、稳定币的主要特点及其对经济金融体系的影响

（一）稳定币的主要特点——以脸书的方式为例

2019 年 6 月，全球最大的社交网络公司脸书发布其加密货币项目 Libra 的白皮书，引起广泛关注。脸书提出其使命是要"建立一套简单的、无国界的货币和为数十亿人服务的金融基础设施"，计划打造一个新的去中心化的区块链、一种低波动的加密货币和一个智能合约平台。Libra 的出现使数字货币向"超主权货币"更进一步，引起各国央行和金融监管机构的高度重视。私人发行的"超主权货币"会对法定货币的地位形成威胁，一旦被公众广泛接受，意味着央行对经济的调控能力

被削弱，会对货币政策实施、金融监管、世界货币格局等多方面产生影响。

根据 Libra 白皮书的定义，Libra 是一套简单的全球货币和金融基础设施，可为数十亿人提供服务[1]。这至少有三层含义：一是要发行一种新的货币，且该货币可以自由兑换；二是该货币可以全球流通，超越主权范围，打破跨境资金流动限制；三是要为该货币建立支付清算等基础设施，使其被广泛接受，用于日常支付。与之对比，支付宝、微信支付等国内第三方支付平台主要做到了第三点，没有做到前两点[2]。相比 2009 年就已出现的比特币等基于区块链技术的加密货币，Libra 受到更加广泛的关注，这主要是因为脸书公司的巨大影响力。但是，仅靠商业信用不足以建立信任，Libra 还设计了一些新的机制。

与比特币等非稳定数字货币相比，Libra 的新机制主要有三个特点。一是有资产储备，Libra 发行要求有 100% 资产储备，通过挂钩一篮子法定货币保持币值稳定，这类似于中国香港的货币发行机制；而比特币没有真实资产储备，发行量主要取决于算法规则和运算能力，币值波动大。二是应用场景丰富，脸书用户规模高达 27 亿人，约覆盖全球三分之一人口、100多个国家，存在跨境支付[3]、日常消费等大量潜在应用场景；比特币由于币值不稳定，难以发挥支付功能，主要是作为投机性资产。三是治理机制不同，Libra 仍采用区块链分布式技术，但脸书联合 28 家机构成立 Libra 协会作为管理机构，负责管理储备资产、维护币值稳定。总体来看，Libra 尚处于概念提出和探索阶段，其发行管理仍面临诸多挑战。

第一，在法定货币时代，货币的本质是信用，数字货币也不例外。国际主要货币都是由主权国家发行，以国家信用背书，支撑货币价值的是国家的生产力和财富积累。虽然存在一些超主权货币的设想，但很少能够成

---

[1] 资料来源：脸书发布的 Libra 白皮书。

[2] 第三方支付平台并未发行新的货币，而且在跨境服务中面临监管约束。

[3] Libra 在非洲的发展中国家可能有较大应用潜力，因为这些国家换汇成本高、汇兑时间长。

功落地[1]。缺乏信用支撑的数字货币，其币值会因供求关系变化而大幅波动，数字货币因此成为投机工具，难以发挥货币功能。比特币等大部分数字货币，都面临这种情况。Libra要求100%资产储备，支撑Libra币值的还是其所挂钩的一篮子主权货币。但目前一篮子货币的构成尚不清楚，能否实现币值稳定还有待观察。有观点认为Libra协会可能成为全球央行，这有过分夸大之嫌，按照现有信息，Libra协会难以实施货币政策。因为它挂钩主权货币，可以在全球范围内自由流动，按照蒙代尔不可能三角，在上述约束下，不可能具有独立的货币政策。

第二，即使Libra能保持币值稳定，它能否被广泛接受并使用，仍然存疑。货币体系具有很强的先发优势和路径依赖，如果没有明显优势，后来者很难替代先发者。假设Libra通过挂钩美元建立信任，那么用户仍可直接使用美元，而不会大量转向使用Libra，除非Libra的清算结算、汇兑等交易成本更低。实际上，发达国家币值稳定，资本流动自由，现有支付清算体系成本够低、效率够高，改进空间不大，这也是移动支付在发达国家没有较大发展空间的主要原因。因此，Libra难以对发达国家居民产生吸引力，预计愿意使用Libra的主体可能主要是弱势货币国家。这就产生了很强的逆向选择问题，理论上，逆向选择的极端后果就是市场消失。

第三，即使公众愿意使用，各国央行和金融机构是否接受Libra也存在疑问。根据Libra白皮书信息，Libra储备资产的利息分配规则由Libra协会制定，Libra持有者不会获得储备资产利息收益。银行等金融机构显然不愿持有不生息的Libra资产。如果银行不接受，Libra就不会有货币创造机制，只能作为流通现金，无法用于信贷、投资贸易等用途，使用范围会大大受限。此外，如果不被金融机构接受，Libra只能在脸书社区等有限范围内流通，难以用于各种支付场景，最终将退化为有限用途的社区支付工具，更不会对SWIFT等现有的跨境支付体系带来颠覆性冲击。

---

① IMF的SDR也是基于一篮子货币，但它主要是作为记账单位，不是用于日常流通的超主权货币。

第四，Libra 储备资产管理面临难题。Libra 协会可能很难自主决定和调整一篮子货币的构成比例。如前所述，Libra 储备资产构成存在逆向选择问题，弱势货币国家居民更愿意兑换 Libra，储备资产最终可能主要由弱势货币构成。此外，按 Libra 白皮书的承诺[①]，Libra 可以自由兑换，那很可能大量出现"弱势货币→Libra→强势货币"的兑换现象，储备资产中的美元等强势货币会加快枯竭，同时加速弱势货币国家的美元化进程，这可能也是美联储对 Libra 保持观望态度、乐意沟通的原因。Libra 承诺为全球数十亿人提供金融服务，这意味着任何货币都可以兑换 Libra，大量的币种转换交易会产生巨大的多边汇率管理风险和流动性风险。

（二）稳定币 Libra 对金融监管的影响及其调整

面对美欧等发达国家和地区金融监管部门的质疑，2020 年 4 月，Libra 协会发布大幅修改后的新版白皮书，回应社会关切，配合监管要求。新版 Libra 在币种设计、监管合规和技术路线上做出大幅修改，从国际货币体系的数字化"颠覆者"转变为"合作者"。

新版 Libra 为主权货币提供了数字化解决方案，既扩大自身影响，又可为政府所用。旧版 Libra 同时锚定美元、欧元、日元、英镑和新加坡元五种法定货币，试图建立超主权数字货币。这种设计既引发各国政府维护货币主权的排斥行为，又给维持币值稳定、储备管理等方面带来困难。新版 Libra 增加了锚定单一货币的币种，如盯住美元的 LibraUSD、盯住欧元的 LibraEUR、盯住英镑的 LibraGBP 等。Libra 旗下每种锚定单一货币的数字货币都有相应储备金作为支撑。这一重大改进，使 Libra 可以为主权货币的数字化提供解决方案。许多国家反对超主权货币，但对本国货币数字化却持积极态度。脸书公司主导的 Libra 协会有望成为想推动本国货币数字化、但缺乏技术能力的央行的合作者。

---

① 白皮书中写道，任何持有 Libra 的人都可以根据汇率把自己持有的 Libra 兑换为当地货币，就跟旅游时兑换其他外币一样。

主动配合监管机构，满足合规要求。新版 Libra 大量增加监管合规领域的设计，以尽可能遵守各国法律法规要求，进而实现自身发展目标。Libra 协会吸收监管机构意见，增强了支付系统的安全性和完整性，可为反洗钱、打击恐怖主义、遵守制裁、防范非法活动提供支持，为合规检查和风险管理调整设计框架、预留接口。市场普遍认为，Libra 对监管要求的妥协将为其顺利落地打开空间。

放弃去中心化区块链的技术路线。新版 Libra 将建立一个监管可控、许可加入的体系，放弃向公有区块链过渡的可能性。根据旧版白皮书设计，Libra 的建设目标是任何人都可以自由加入。但是，金融和安全部门认为这会极大地增加监管难度。新版 Libra 不再坚持去中心化区块链的技术路线，而是转向中心化。这种转变不但有助于提高数字货币体系的运行效率，还可以满足监管合规要求。

在调整结构适应监管合规要求的同时，新版 Libra 并未完全放弃最初的战略。它采取了现实主义的态度，试图减少短期阻力，在得到公众和监管部门认可后，再逐步实现长期战略目标。数字化是引领全球货币体系变革的重要力量。旧版 Libra 激发了社会各界对数字货币的广泛兴趣。经过与美国政府和国会的协商谈判，新版 Libra 实际上已渗透了美国的战略意图，将成为延续数字化时代美元霸权的重要工具。

锚定多元货币的超主权 Libra 仍被保留。在新增锚定单一货币 Libra 的同时，原有设计中同时锚定五种货币的超主权 Libra 仍被保留。锚定多元货币的 Libra 和锚定单一货币的 Libra 之间可按一定汇率自由兑换。对于某些国家，锚定单一货币的 Libra 具有吸引力。而对汇率波动大的地区，如非洲、拉美等，超主权 Libra 则更具吸引力。因为超主权 Libra 能够避免国内货币体系附属于单一主权货币。两种类型的数字货币同时存在，能够强化而非减弱 Libra 的跨境结算功能。

坚持成为数字经济时代的支付清算基础设施。新版白皮书仍坚持 Libra 的使命是"建立一个简单的全球支付系统和金融基础设施，旨在使数十亿人受益"。脸书公司的 27 亿活跃用户是 Libra 落地推广的最大资源。新版 Libra 一旦落地，可能在短时间内就会成为跨国金融服务的基础设施，构建起全球支付清算的新系统。对金融科技尚不发达的广大发展中国家来说，Libra 体系搭建成功后，其国内大部分支付活动可能会迅速转移到此支付网络上。

强化储备资产管理机制和措施。币值稳定是 Libra 区别于其他数字货币的关键。新版 Libra 继续强调 100% 真实资产储备，并强化储备资产的安全性。新版 Libra 参考主权国家货币体系管理办法，明确储备资产主要投资于期限短、信用风险低、流动性高的金融产品。新版 Libra 还将建立资本缓冲，用于吸收可能因信用和操作风险而产生的损失，进一步保护使用者权益。新版 Libra 还完善了极端情况下储备资产正常发挥作用的机制，推出了持有者的索赔和保护措施。

（三）稳定币对经济金融体系的影响

以 Libra 为代表的稳定币可能给各国经济金融体系带来多方面冲击和影响。稳定币可能带来一系列的影响：包括冲击现有国际支付系统；降低资本管制的有效性；增加金融监管难度；弱势货币可能被加速替代，大国货币优势将进一步强化。中国应密切跟踪数字货币进展，加强技术研发和国际合作，主动参与国际规则制定；稳步推进资本账户放开，加快人民币国际化，减少数字货币的冲击；稳妥发展国内数字货币，有所甄别，防范可能带来的风险。

一是影响现行支付清算系统。中国移动支付的发展和监管应对历程，清晰地展现了货币数字化可能对现行支付清算系统的冲击。高度便捷、成本更低的新型支付工具，能很快将大量用户从现行支付系统中吸引过来，但它可能存在一定的安全问题和风险隐患。网联清算有限公司成立之前，支付宝直接连接各家银行，完成跨行转账交易，实际上发挥了支付清算功能。现有支付清算体系（银联）难以逐笔监控底层交易信息，存在洗钱、沉淀资金挪用等风险，这也是监管部门要求断直连、备付金全额上缴的重要原因。支付宝只是在一国范围内、用本国货币提供支付服务，如果未来某种数字货币能在全球范围内提供更便捷的支付服务，它可能会给现行国际支付清算体系带来冲击。但需要看到，SWIFT 等国际支付体系具有很强的网络效应，如果数字货币难以实现有效的跨币种协调，那么 SWIFT 的优势不一定会被削弱，反而可能发挥更大作用。

二是加大金融监管难度。很多数字货币都强调账户匿名性，但这可能和金融监管原则存在根本性冲突。账户是金融监管的基础，身份认证是提供大部分金融服务的前提，现有的账户和支付清算体系设计的一个重要目的是满足金融监管要求。如果数字货币允许用户使用匿名账户，就无法识别账户持有人的真实身份，这会产生很大隐患，如洗钱、恐怖组织资金转移等，这显然难以满足最基本的金融监管要求。在这方面，中国第三方支付监管已积累了较为丰富的经验，第三方支付账户必须实名认证并绑定银行卡，同时限制最高支付金额，其主要目的是识别身份，防范非法大额资金转移。

三是降低跨境资本管制的有效性。在数字经济形态下，国界的限制会有所弱化。数字货币如果能够在跨境支付中广泛使用，将会冲击现有的资本管制措施。资本管制措施较多的发展中国家受到的冲击会更大。当前，中国资本项目尚未完全放开，数字货币可能给资本管制带来挑战。根据 IMF 的标准，资本项目交易共有 40 类，中国有 37 类已实现可兑换、基本可兑换或部分可兑换，而股票一级市场发行、货币市场工具发行、衍生工具发行项目仍不可兑换[①]。数字货币的发展，会促进资本项目管制放宽。

四是弱势货币可能被加速替代，大国货币优势将进一步增强。如果

① 朱隽：《金融业开放和参与全球治理》，中国金融出版社2018年版。

未来出现币值稳定、可以跨境支付的数字货币，将会加剧全球货币体系的分化。例如，Libra 通过挂钩一篮子主权货币来维持币值稳定，Libra 一旦广泛适用，将会增强其所挂钩一篮子货币的优势地位，相应地，弱势货币的流通范围会越来越小，甚至逐步消失。经济动荡、政局不稳、高通胀、存在资本管制、汇兑成本高的国家，对本国主权货币的控制力会减弱。

从 Libra 提出、调整到最终放弃的过程可见，货币有深刻的经济社会和历史规律，货币体系的形成是大国博弈和综合国力竞争的结果，须客观认识货币本质。货币的形态可能会因数字技术的应用而改变，但货币的本质规律很难因某种技术创新而发生颠覆性变化。当前对数字货币的探索有很多，主导方既有央行，也有金融机构（如摩根大通的 JPM coin），还有科技企业，需要密切跟踪数字货币最新进展，积极加强国际合作。无论是从货币流通还是金融监管角度看，数字货币的发展都离不开跨国合作，需要各国央行及国际组织的协调配合。中国应密切跟踪数字货币进展，主动参与相关国际规则制定。

央行和私营企业联合发行数字货币将成为趋势。BIS 调查发现：全球 80% 的央行正在进行数字货币研究、试验或应用；其中，10% 的央行已开发出试点项目；20% 的央行（主要是新兴市场国家央行）承诺在可预见的时间内引入 CBDC。各国政府对数字货币兴趣高涨的原因有加强经济控制、强化金融交易监控、减少对美元的依赖、增加铸币收入（如委内瑞拉）、规避经济制裁（如伊朗、俄罗斯）、满足消费者对移动支付的偏好（如瑞典）等。大多数央行技术研发能力有限，往往会选择与私营企业进行数字货币领域的技术合作。以 Libra 作为基础，实力雄厚的脸书等将成为各国优先选择的数字货币解决方案提供商。

稳定币可能成为巩固和延续美元国际地位的有力工具。2008 年国际金融危机以来，各国对改革以美元为中心的全球货币体系呼声高涨。数字货币为推进改革提供了新的路线和可能性。然而，美国不会轻易放弃美元的霸权地位。利用在互联网领域和金融领域的优势地位，美国仍会谋求数字货币领域的领导权，并延续美元霸权地位。压制超主权数字货币，接纳锚定主权货币的数字货币就体现出美国在此方面的意图。对于非美元国家，无论应用锚定美元还是多元货币的稳定币，都会弱化本国货币主权。通过影响甚至引导稳定币的架构和发展，美国政府可能会强化美元在数字化时代的霸权地位。

专题十一

数字货币对国际货币体系的影响

在经济数字化程度不断提升的背景下，货币形态正在发生适应性的调整与变化，叠加区块链等技术的发展，央行和私人数字货币快速推进，在给国际货币体系带来技术冲击的同时也提供了制度调整的新空间。

作为现代金融和国际货币体系的后来者，包括中国在内的多个新兴市场国家积极布局，率先试验和发行 CBDC。在无形的竞争压力下，主要发达经济体对 CBDC 的态度由观望转为积极探索。全球 CBDC 发展进入快车道。CBDC 正处于发展初期，系统评估其对国际货币体系的影响还为时过早。然而，可以预见的是，CBDC 的发展有助于打破传统主导国际货币和跨境金融基础设施拥有的特权，有利于后发货币在国际货币体系中重新确立自己的地位，为区域货币合作开拓新的形式。CBDC 的发展可能也会给部分经济体的法定货币带来替代压力，进而给国际政策协调带来新挑战。

一、央行数字货币发展可能引发国际货币体系调整

（一）全球积极探索 CBDC

根据 BIS 调查数据，在 2021 年调查的 81 家央行中，近九成正在积

极研发 CBDC，较 2020 年上升 10 个百分点。其中，已发行或启动试点的央行占比为 26%，明显高于 2020 年的 14%，其余约六成央行处于试验或概念验证阶段。积极研发和推动 CBDC 试点，逐步成为全球央行的主流趋势。

1. 新兴和发展中经济体推进速度快，多个国家或地区已发行 CBDC

新兴和发展中经济体（简称"新兴经济体"）金融体系复杂程度相对不高，采用和推广新技术的影响较为可控，且有通过 CBDC 跨越式提高经济运行效率的意愿。截至 2022 年底，巴哈马、牙买加、尼日利亚以及东加勒比地区已经发行了 CBDC。2020 年，巴哈马率先发行零售型 CBDC "Sand Dollar"，成为全球首个发行 CBDC 的国家，旨在通过 CBDC 的发行提升金融普惠性、打击洗钱等非法经济活动。尼日利亚参与储蓄的居民占总人口的比重约为 65%。为提升金融普惠覆盖率，尼日利亚在 2021 年 10 月发行 CBDC "eNaira"，成为首个发行 CBDC 的非洲国家，截至 2022 年 10 月，累计交易量接近 1800 万美元、涉及 70 万笔交易。牙买加为降低现金交易和使用成本，于 2022 年 5 月发行 CBDC "JAM-DEX"。东加勒比中央银行是东加勒比地区 8 个岛国的货币管理机构，于 2021 年 3 月发行 CBDC "DCash"，首先在圣卢西亚等 4 个成员国流通，后逐步推广至 8 个成员国，旨在提升金融基础设施的数字化水平。

2. 主要发达经济体对 CBDC 的态度由观望转向积极探索

主要发达经济体在国际货币体系中处于主导地位，金融体系复杂且内部关联度高，曾对发展 CBDC 持谨慎观望态度。例如，2019 年美国时任财政部部长姆努钦和美联储主席鲍威尔公开表示美联储在未来 5 年中无须发行数字货币。新冠疫情暴发后，在执行对中小微企业和居民部门的直接救助政策过程中，主要发达经济体金融基础设施效率不足的问题凸显。新冠疫情助推数字经济快速发展，也对金融基础设施效率提出更高要求。与此同时，国际主导货币也面临着全球央行数字货币和私人数字货币快速发展的外部压力。脸书在 2019 年发布加密货币项目 Libra，利用庞大的社交媒体网络创造无国界数字货币，但遭到美国和欧洲多国政府的反对。数字人民币等新兴经济体 CBDC 的发展，进一步给国际主导货币带来了压力。

多重因素推动下，主要发达经济体对 CBDC 的态度从观望转为积极探索 CBDC。美国内部对推进数字美元的议程尚未达成一致意见，但已开始探索技术路径和政策影响。2022 年初，美联储发布首份数字美元白皮书《货币与支付：数字化转型时代的美元》，标志着其 CBDC 战略迈出关键一步。2022 年 11 月，纽约联储与花旗集团、汇丰控股、万事达卡等金融机构合作，在测试环境下开展为期 12 周的数字货币概念验证试点项目。欧元区虽然货币统一，但支持整个区域欧元支付的金融基础设施还不统一，其也在加快对数字欧元的探索。2021 年欧元区启动数字欧元项目并展开为期两年的相关调查研究，旨在确定数字欧元的核心特征，2022 年 9 月至 2023 年 4 月共发布三份进展报告。欧洲央行行长拉加德曾表示，数字欧元可能在 2025 年左右推出。

（二）当前国际货币体系面临的四项批评

1. 跨境支付成本高、效率低，跨境支付基础设施垄断性较强

20 世纪 80 年代以来，经济金融全球化推动商品、服务、资本和人员广泛跨境流动，跨境支付的规模持续扩大。有关机构预测，2027 年全球跨境支付规模预计可达到 250 万亿美元[①]，相当于全球 GDP 的 3 倍。国际汇款对低收入和中等收入经济体的经济发展起着重要作用，部分经济体的国际汇款总额约占其 GDP 的三成。然而，跨境支付面临成本高、速度低和准入受限等问题。特别是，跨境支付的准入和成本在全球分布不均衡，中低收入国家获得跨境支付的难度和成本更高。美国跨境汇款平均费用约占

---

① 该数据由波士顿咨询（BCG）预测。https://www.bcg.com/industries/financial-institutions/transaction-banking。

交易名义价值的 5%，而部分非洲国家的这一占比在极端情况下接近 20%。跨境支付由美元、欧元等主要国际货币主导，一般须借助多重代理行关系接入到货币清算系统。跨国金融信息传递基本由国际资金清算系统 SWIFT 垄断。在信息和数字技术快速发展的今天，跨境支付体系正面临革命性的变革。

2. 主权货币承担国际主导货币职能带来政策外溢

主导国际货币发行国更多立足于自身利益进行政策调整，势必会影响全球经济金融稳定。当前在美元占主导地位的国际货币体系下，美国货币政策调整带动全球金融周期转变，影响跨境资本流向，挤压其他国家（特别是新兴市场国家）的政策自主性，并给全球金融稳定带来冲击。历史上，美国货币政策调整曾诱发拉美债务危机和 1997 年亚洲金融危机。新冠疫情后，美国货币政策对全球的负面溢出效应更为明显。美联储应对新冠疫情的超宽松货币政策，导致全球流动性过度宽松，催生全球高通胀，加大各国输入性通胀压力。2022 年以来，美联储快速、大幅加息并缩减资产负债表，导致全球融资环境明显收紧，新兴经济体债务违约压力上升。

3. 国际主导货币地位可能被滥用于金融制裁

国际主导货币在境外广泛流通提升了其支配全球资源的能力，获得额外的货币金融权力。这种权力可能会被国际主导货币的发行国滥用，特别是用于为实现其政治和经济目标而实施的金融制裁。近年来，美国频繁滥用美元霸权地位对外实施金融制裁，2012 年、2017 年相继将伊朗和朝鲜的银行剔除出 SWIFT，并冻结古巴、伊朗、阿富汗等十余个国家的外汇储备。根据美国海外资产控制办公室（OFAC）数据，截至 2022 年 8 月，全球至少 419 家银行及其分支机构已被美国切断美元支付，其中 407 家银行及其分支机构被切断美元支付的情况发生在 2015 年之后，被制裁最多的国家分别为俄罗斯（36%）、伊朗（23%）和朝鲜（9%）。乌克兰危机后，美国联合主要发达经济体，将俄罗斯多家主要银行剔除出 SWIFT，共同冻结约 3000 亿美元外汇储备，打破国际惯例和金融秩序的约束，全球对以美元为主导的国际货币体系的信任度进一步下降。俄罗斯、伊朗等多个国家推动"去美元化",印度、巴西等国也开始在国际贸易和外汇储备中降低对美元的依赖。实际上,除新兴市场国家外,部分发达国家也在寻求应对美元霸权的策略,CBDC成为潜在选项。2022年11月,欧洲央行行长拉加德曾表示,数字欧元是欧洲的一个共同项目,将服务于更广泛的公共政策目标,如加强欧洲的战略自主性。

4. 网络效应和路径依赖制约国际货币体系变革

当前的国际货币体系脱胎于1944年成立的布雷顿森林体系。虽然在近80年的历史中,该体系出现多次调整,但美元主导的格局未发生根本性改变,多元化程度有限。这与国际货币的形成过程有关,货币使用惯性和金融连接性是成为国际货币的核心要素。美国经济金融实力强化了美元在国际贸易和金融市场中的支配地位,特别是2008年国际金融危机以来,国际金融市场对货币国际流通的支撑作用更强。围绕以美元为主导的国际货币体系形成的金融基础设施和制度安排,增强了美元的网络效应和使用惯性,进一步加大了后发货币追赶美元的难度。

(三)CBDC对国际货币体系可能带来的影响

1. 可能促进跨境支付体系重构

CBDC既是货币形态和发行方式的改变,也是对金融基础设施的变革,特别是可能重构跨境支付体系。利用区块链等技术,CBDC可采取点对点传输方式,降低对代理行、SWIFT等金融中介的依赖,降低交易成本,缩短交易时间,提高便捷性和透明度。根据摩根大通和奥纬咨询的研究,建立CBDC跨境支付网络可降低80%的交易成本,每年节约近1000亿美元(不含外汇支出)。作为央行的负债,CBDC还能大幅降低跨境交易的流动性风险和交易对手方风险。与此同时,通过一定的制度安排和技术设计,CBDC也可用于跨境证券结算,便利金融资产的全球流通。2021年12月,BIS、法兰西银行和瑞士国家银行完成以数字欧元和数字瑞士法郎进行外汇交易结算、商业票据流转的试验。根据美国智库大西洋理事会的跟踪统计，全球共有 12 项关于 CBDC 跨境使用的国际合作项目，如 BIS 联合中国人民银行、中国香港金管局、泰国央行等发起多边央行数字货币桥研究项目（mBridge），联合澳大利亚、新加坡、马来西亚和南非发起 Dunbar 项目。通过降低对传统跨境支付基础设施的依赖，CBDC 有助于打破国际主导货币使用惯性的约束，为后发国家货币的国际使用提供便利。

2. 有助于推动区域货币合作

近年来，为维护金融安全和降低海外政策溢出效应，独联体、东南亚、阿拉伯国家和非洲等持续加强区域本币结算合作，区域内部的本币结算比重有所上升，如独联体国家卢布结算比重由四成上升至六成。CBDC 为区域内各国货币跨境流通与交易提供新的合作方式，通过提高各国 CBDC 系统兼容性、建立联结机制，能够明显降低跨境货币合作的成本和难度，也有利于区域货币结算网络的逐步形成。例如，中东两大经济体阿联酋和沙特阿拉伯于 2019 年联合发布 Aber CBDC 项目试验报告，该项目将评估使用数字货币减少两国银行转账时间和成本的可行性。

3. 可能加大货币替代压力

对本国货币的长期价值信任度不够可能会引发货币替代，历史上通胀率越高的国家，美元化程度越高。CBDC 降低了持有和使用外国货币的难度与成本，加大了外币与本国货币的竞争。如果美元、欧元等主要国际货币推出 CBDC，部分经济基本面不完善的国家，特别是经济社会不稳定、高通胀的国家将面临更大货币替代压力。

4. 跨境流通是 CBDC 面临的重要挑战

CBDC 跨境流通既涉及金融基础设施的重构，也面临跨境资本流动和数据管理的问题，跨国政策协调面临挑战。一是减少各国 CBDC 的互通性限制。各国发行 CBDC 的目标和侧重点并不一致，如更侧重于提升国内金融体系的数字化程度，还是改进跨境支付系统。各国采用的技术手段和标准可能不统一，包括对 CBDC 定位（零售型或批发型）、验证方式（基于账户或令牌）、运营方式（由央行直接向消费者提供服务的单层结构或借助中介部门间接提供服务的双层结构）等。这都要求各国在设计、规则和基础设施等领域强化协调。二是防止全球支付体系碎片化。CBDC 能够以较低成本建立国家间的支付网络，如果不能在全球范围内制定包容性方案，全球将出现大量双边或多边支付系统，加大支付体系的摩擦。三是加强数据隐私保护和网络安全。CBDC 大幅增强发行国央行的信息获取能力，包括用户信息、资金流向等，这不仅影响用户隐私保护，也关系到数据安全和金融安全。CBDC 使用规模大、接入点广泛，面临的操作风险和网络攻击等威胁大，对金融基础设施的稳健性和安全性要求高。四是加强跨境资本流动管理。为稳定汇率和维护金融稳定，不少国家采取资本流动管理措施或其他资本账户限制。CBDC 跨境流通会进一步加快国际资本流动，增加资本项目管理和稳定汇率的难度。如果不能达成有效跨境协调，将缺少管理外国 CBDC 的有效手段，传统资本管制措施对外国 CBDC 的效力会被削弱甚至失效。

二、推动数字人民币发展的建议

中国数字人民币起步较早、推进较快，在技术研发和试点应用方面走在国际前列。在国际数字货币竞争趋于激烈、金融安全风险明显上升的新形势下，需要着重考虑以下问题。

（一）拓展数字人民币定位，考虑拓宽至大额批发和跨境支付领域

目前，数字人民币定位于流通中现金（M_0），相当于现金的数字化。中国 M_0 规模占广义货币（M_2）的 4%，M_0 定位会限制数字人民币在债券和股票投资等金融交易中的运用，约束其在货币体系中的比重，不利于对金融创新的推动。CBDC 将是减轻对跨境支付、SWIFT 等传统金融基础设

施依赖的重要工具。由于跨境支付中大额交易占比超过九成[①]，M_0 定位也会制约数字人民币跨境使用。

（二）加强数字货币对金融体系影响的跟踪研判

随着数字人民币应用范围扩大和未来定位调整，要提前对可能定位和应用场景的宏观政策影响进行深入研究。一是对金融稳定的影响。数字人民币可能削弱中小金融机构竞争优势，并加大金融波动时的"挤兑"风险。中国资本市场中个人投资者所占比重高，更需重视潜在"挤兑"风险。二是对支付体系的影响，特别是要平衡好数字人民币与第三方支付平台的竞争和协同合作关系。三是对货币政策传导的影响。数字人民币可能因削弱银行等金融中介的作用而降低传导效率，但也为疏通传导"梗阻"创造新的工具，如针对特定群体、行业和区域提供的定向金融支持，未来调整要兼顾两方面影响。四是数字人民币跨境使用对资本流动和人民币汇率稳定的影响。五是应对极端风险的能力，如妥善应对洪水等自然灾害导致的互联网中断。

（三）广泛调动社会资源，加强政府与市场互动，推动数字人民币加快发展

CBDC 对支付体系和金融体系产生重大影响，须通过大规模开放性试验加以检验，研究资源需求大，可调动商业机构、高校和科研院所等力量。为保持市场竞争力和适应技术变革，商业机构也需要积极参与。除美国外，欧洲、新加坡等国家和地区相关试验也都利用了市场主体的技术力量[②]。数字人民币通过地区试点、课题招标等方式引入产学研优势力量，未来可在应用场景设计、技术创新等领域引入更多市场机构，跨境支付领域

---

① 2021年全球跨境支付总规模达148万亿美元，大额交易（单笔超5万美元）所占比重约为97%。

② 例如，法国与瑞士央行的跨境支付数字货币试验参与者包括法国外贸银行、瑞银、瑞信等金融机构，新加坡相关试验引入摩根大通旗下的区块链公司Quorum。

相关试验在保护金融安全的前提下可适当引入国际金融机构。

（四）在保持严监管的同时，可有序拓展私人数字货币的应用空间

在私人数字货币领域，中国应用场景和人才资源相对丰富，但一度出现资产泡沫、恶意炒作、欺诈等乱象，当前已采取强力监管措施有效治理上述乱象。私人数字货币在催生风险的同时，也推动了区块链、加密和认证等领域的技术创新，并探索数字货币在跨境支付等领域的应用，对CBDC 发展与金融创新有一定的参考价值。在继续保持严格监管的前提下，通过降低金融属性、划定应用范围、强化内生稳定机制等方式，可对有明确应用场景和技术创新潜力的私人数字货币给予一定的探索空间。为增强风险隔离，可推动相关试点在中国香港等地区有序开展。

（五）加强国际合作，增强国际标准和规则影响力

CBDC 是全球数字经济竞争的重要领域，技术标准、监管规则等将成为竞争焦点。虽然美国并不急于正式推出数字美元，但通过与 BIS、欧洲央行、日本央行等合作成立 CBDC 工作组，也在不断发挥着国际影响力。数字人民币研发设计和实践走在全球前列，中国更有条件在 CBDC 国际协调方面发挥积极作用。为此，中国应积极落实 G20 关于改善跨境支付的最新倡议，参与 CBDC 跨境支付合作研究。继续强化与 IMF、BIS 等国际组织的合作，积极开展央行间合作，特别是加强与中国经贸往来密切、CBDC 技术缺口相对较大的东南亚和非洲等地区的合作。加强市场层面合作，鼓励中国商业机构直接或间接参与其他央行的数字货币试验项目。